Gesundheit heute

Dank

Viele Menschen haben dazu beigetragen, dass ich dieses Buch schreiben konnte. Einigen davon gilt mein besonderer Dank:

Der Arzt Dr. Groh hat mich auf den richtigen Weg gebracht. Der Arzt Dr. Abele hat mir mit seiner Beurteilung der ersten Fassung Mut gemacht, am Thema weiterzuarbeiten. Karin Beck hat mir mit ihrem Computer geholfen. Professor Dr. rer. nat. Claus Leitzmann hat mein Buch gelesen und mit vielen wertvollen Korrekturen verbessert.

Leib und Seele

Der Leib sagt es der Seele oft,
dass er auf ihre Bessrung hofft.
Er fleht, das Rauchen einzudämmen,
ihn nicht mit Bier zu überschwemmen,
ihm etwas Ruhe doch zu gönnen –
bald wird er's nicht mehr schaffen können.
Die Seele murrt: lass das Geplärr,
du bist der Knecht, ich bin der Herr!
Der Körper tief beleidigt schweigt,
bis er dann eines Tages streikt.
Die Seele hilflos und bedeppt
den kranken Leib zum Doktor schleppt.
Und was, meint ihr, erfährt sie dort?
Genau dasselbe, Wort für Wort,
womit der Leib ihr Jahr und Tag
vergeblich in den Ohren lag!

Eugen Roth

Hildegard Pellnat

Gesundheit heute

Ein Ratgeber

Bibliografische Information der Deutschen Bibliothek:
Die Deutsche Bibliothek verzeichnet diese Publikation in der Deutschen
Nationalbibliografie; detaillierte Informationen sind im Internet über
<http://dnb.ddb.de> abrufbar.

© 2006 Hildegard Pellnat
Herstellung und Verlag: Books on Demand GmbH, Norderstedt
ISBN 3-8334-2837-6

Desiderata

Sei ruhig inmitten von Lärm und Hast und bedenke, welch ein
Frieden in der Stille herrschen kann. Steh auf gutem Fuß mit
allen Menschen – ohne dir selbst Gewalt anzutun.
Sag deine Wahrheit ruhig und deutlich; höre deine Mitmenschen an. Auch sie erzählen ihre Geschichte. † Meide lärmende
und aggressive Menschen, sie belasten den Geist. Vergleichst
du dich mit anderen, könntest du eitel und verbittert werden;
denn es wird immer größere und kleinere Menschen geben als
dich. Genieße sowohl von dem was du erreicht hast sowie von
deinen Plänen. † Habe Interesse für deine Arbeit, wie niedrig
sie auch sein möge; sie ist ein wirklicher Besitz im veränderli-
chen Glück der Zeit. Verhalte dich vorsichtig bei Geschäften,
denn die Welt ist voller Betrug. Aber lass dich nicht verblenden
von der bestehenden Tugend. Viele Menschen streben hohen
Idealen nach; und überall ist das Leben voller Heldentum.
† Sei dich selbst. Heuchle vor allem keine Zuneigung. Aber
sei ebensowenig zynisch über die Liebe, denn bei aller Leere
und Unzufriedenheit ist die Liebe ewig wie das Gras. † Folg
dem Lauf der Jahre anmutig, verlang nicht nach einer Zeit die
hinter dir liegt. Schaff dir Geisteskraft an, um bei unerwarte-
tem Gegenschlag beschützt zu sein. Aber verdrieß dich selbst
nicht mit Spukbildern. Viele Ängste werden aus Müdigkeit
und Einsamkeit geboren. Leg dir selbst eine gesunde Disziplin
auf, aber sei dabei lieb zu dir selbst. † Du bist ein Kind des
Weltalls, nicht weniger wie die Bäume und Sterne; du hast das
Recht hier zu sein. Und ist es dir klar oder nicht, so entfaltet
sich das Weltall doch so wie es sich entfaltet – und es ist gut so
– . † Hab darum Frieden mit Gott, wie du auch denkst dass
Er sein möge. Was deine Arbeit und deine Eingebungen auch
sein mögen, halte Frieden mit deiner Seele in der lärmigen
Verwirrung des Lebens. † Mit all seinem Flittergold, seiner

Düsterheit und verflogenen Träumen ist dies doch stets noch eine prächtige Welt.

Sei Behutsam.

Streb nach Glück.

Text 1692, gefunden in der alten St. Paulskirche in Baltimore.

Aphorismen

„Gesundheitsfähigkeit wird dem Neugeborenen geschenkt, die Gesundheit selbst muss aber täglich erarbeitet werden. Sonst wird aus dem Gesundgeborenen der kranke Erwachsene."

„Der Hygieniker denkt in umgekehrter Richtung wie der Therapeut: Er will keine Kranken entstehen lassen. Der Therapeut sagt, der Mensch soll gesund werden. Der Hygieniker denkt: Die Menschen sollen gesund bleiben."

„Das Richtige ist einfach."

„Das Einzige, was das Leben wirklich bedroht, ist Unordnung."

„Ertrinkende werden nicht durch Kommissionen gerettet."

„Liebe nicht nur deinen Nächsten, sondern auch deine dir anvertrauten Tiere und Pflanzen, auch die Bodenbakterien gehören dazu."

„Das Honorar des Arztes hat zum Teil darin seinen Grund, dass er dem Kranken die Arbeit, sich selbst zu helfen, abnimmt."

„Krankheit entsteht viel häufiger durch das, was man nicht tut, als durch das, was man tut. Die Umkehrung gilt auch!"

Zitate: „Ausfälle und Einfälle", Aphorismen und Sprüche von Werner Kollath, Professor der Hygiene, Hyperion-Verlag, Freiburg

Inhalt

Dank   2

Desiderata   5

Aphorismen   7

Beurteilung durch Dr. med. Johann Abele   11

Vorwort   13

Information   16
  Bewegung und frische Luft   17
  Die Reinigung von Kleidung und Wohnung   21
  Körperpflege   22

Was ist Vollwertkost?   29

Die Bedeutung des Getreidesfür
die menschliche Ernährung   36
  Der Mais   39
  Der Reis   41
  Die Hirse   42
  Der Hafer   43
  Der Weizen   48
  Die Gerste   52
  Der Roggen   53
  Der Dinkel   55
  Der Buchweizen   55

Ernährung I   67
  Die Grundlagen der Ernährung   67

Ernährung II   76
  Gibt es eine Ernährung, die anderen überlegen ist?   76

Are Waerland: „Befreiung aus dem Hexenkessel
der Krankheiten"   83

Ernährung III   89
    Quantität oder Qualität?   89

Das Reformhaus in Deutschland   96

Die Ernährung als Sozialfaktor   102

Ernährung und Welthandel aus christlicher Sicht –   115
    Hunger durch Überfluss   118

Die Bedeutung der Naturtextilien für den Menschen   130
    1. Der Schlafkomfort „Meine neue Hygiene"   130
    2. Gesunde Kleidung   132
    Gesund wohnen?   136

Yoga   140
    Was ist eigentlich Yoga?   140
    Arzt und Patient   147

Der Eid des Hippokrates oder die Zulassung
zum Medizinstudium   150

Schlafstörungen   154

Erfahrungen mit Rohkost   158

Zu meiner Person   165

Übersicht über Garzeiten für Getreidekörner
und -mehle   169

Literaturverzeichnis   170

Beurteilung durch Dr. med. Johann Abele

Ich kenne Frau Pellnat seit langem und wer ihren Lebenslauf liest, merkt sofort: dies ist eine kluge und immer nachdenklicher gewordene Frau, der man nichts mehr vormachen kann. Alle Propheten der gesunden Lebensweise hat sie in ihrem nun fast achtzigjährigen Leben studiert und kennen gelernt. Da ihr selbst eine sehr empfindliche Konstitution zu eigen ist, hat sie besonders intensiv die Vorteile und die Schwächen der unterschiedlichen „Systeme des natürlichen Gesundwerdens und Lebens" an sich selbst erlebt. Frau Pellnat lebt jetzt seit zehn Jahren in hohem Alter sehr abgeschieden in der Toskana in einem uralt erscheinenden Steinhaus ohne Zentralheizung und schreibt an ihrem Gesundheitsbüchlein. Sie schreibt mir: „Ich mache dies, um den Menschen zu helfen und um den Ärzten die Arbeit zu erleichtern".

Das vorliegende Buch will keineswegs eine revolutionäre Idee verbreiten. Es ist sozusagen die sehr persönliche Lebenserzählung eines gesundheitlich labilen Körpers und empfindlichen Gemüts beim Umgang mit den unterschiedlichsten Ernährungsprogrammen und Hausmitteln. Herausgekommen sind kluge Ratschläge, die ohne Stentorstimme und wissenschaftliche Großangriffe auf den Leser dastehen. Es ist in der Welt der Bücher ein Zaunkönig unter schillernden Rassevögeln. Es ist ein Trostbüchlein für viele Systemgescheiterte. Es schildert einfach und in Beispielen aus dem eigenen und dem Leben anderer – auch großer Menschen und Gesundheitsführer- was man wissen muss, um im Leben durchzufinden und dabei möglichst keinen Arzt zu bemühen. Es schildert vor allem, wie wenig der Mensch nötig hat, um gesund zu bleiben oder gesund zu werden. Was trägt man denn in welchen Taschen aus diesem Leben ins Jenseits? Frau Pellnat ist jedoch keine Aussteigerin mit rosaroten Gehirnrosinen. Sie

11

lebt einfach , weil sie sich als ein Stückchen Natur in der großen Natur so am richtigen Fleck sieht. Sie verwirklicht das, was Mensch sein heißt: den Geist zu erweitern, ohne die Erde dabei zu verderben. Ihr Büchlein gehört zu den kleinen Kostbarkeiten, die man lesen sollte und über denen man still getröstet werden kann.

Dr.med.Johann Abele
Ehrenpräsident des Deutschen Naturheilbundes
(geschrieben 1995)

Vorwort

Was ist überhaupt Gesundheit? Frei sein von Beschwerden aller Art. Dazu gehört zum Beispiel auch, immer gute Laune zu haben, von morgens früh bis abends spät arbeitsfähig und willig zu sein, gut zu schlafen, einen guten Appetit zu haben und in Harmonie mit den Mitmenschen zu leben. Gesund sein bedeutet nicht nur einen gesunden Körper zu haben, sondern auch eine gesunde Seele und einen gesunden Geist. Wenn wir den Körper als Instrument von Seele und Geist betrachten und die Gesundheit ganzheitlich auffassen, dann ist Gesundheit unser höchstes Gut.

Gesund zu leben ist heute nicht einfach. Fehler in der Lebensführung wirken nur ganz allmählich. Es ist z.b. bekannt, dass es 20 Jahre und länger dauern kann, bis Ernährungsfehler zu Krankheiten führen.

Über die Ernährung schreiben Wissenschaftler, Ärzte und Laien mit Erfahrung in Bezug auf ihre Ernährung, mit der sie Krankheiten überwunden haben.

Die Ernährungswissenschaft ist eine noch sehr junge Wissenschaft und es gibt wie in allen Wissenschaften Theorien, die sich nicht gehalten haben. Die Menschen ändern sich immer rascher – Degeneration. Diesen Vorgang kann man mit vollwertiger Nahrung allein nicht aufhalten. Der Zeitgeist ist entscheidend. Seelisch-geistige Vorgänge sind noch wichtiger als die Nahrung und sonstige gesunde Lebensweise. Wer dem Patienten ein besseres Frühstück verschreibt, bleibt ja nicht dabei stehen. Bircher-Benner war ein Arzt, für den das Seelische sehr wichtig war. Bruker unterscheidet zwischen ernährungsbedingten und lebensbedingten Krankheiten. Sie brachten nicht nur ein neues Frühstück, sondern eine Verbesserung der gesamten Ernährung und Lebensweise. Bircher-Benner hat sich durch das Beispiel der bis dahin unheilbar Magenkranken davon überzeugen lassen, dass Rohkost Heilwirkung hat und hat erkannt, dass dies die Wirkung der Sonnenkraft ist. Bruker sagt den Patienten: „Esst Rohkost, auch dann, wenn ihr sie nicht in Bioqualität bekommen könnt." Er erforschte immer auch die seelischen Hintergründe als mögliche Ursache der Krankheit.

Als ich anfing dieses Buch zu schreiben, habe ich noch Frischkornbrei (Kollath-Frühstück, Naturmüsli) gegessen, bin aber dann davon abgekommen. Wer sich im übrigen gesund ernährt, braucht ihn nicht; ja er kann schaden. Ich bin davon überzeugt, dass die Kombination von rohem Getreide und rohem Obst für die meisten Menschen nicht gut ist.

Die Darstellung der notwendigen Trennung von Obst und Getreide bei Shelton und anderen Autoren überzeugt mich. Wird die Nahrung für den sensiblen Menschen nicht sorgfältig zusammengestellt, werden die Verdauungskräfte überfordert, und es kann zu Gärungen und Blähungen kommen. Dann zeigt der Stuhlgang, dass die Nahrung nicht richtig ausgenutzt wird. Es entsteht ein Mangelzustand, der nicht durch mehr Essen behoben werden kann.

Wir können den Magen mit einer chemischen Fabrik vergleichen. Kohlenhydrate verlangen andere Verdauungssäfte als Eiweiß. Die Verdauung der Kohlenhydrate beginnt mit dem Speichel im Mund. Wenn die Asiatin ihren Reis Körnchen für Körnchen kaut und dabei ausreichend Speichel produziert, kann sie mit ganz wenig Nahrung leben, während der gierige Wohlhabende beim Essen redet oder Radio hört oder sogar die Zeitung liest. Er verschlingt seine Nahrung ohne alles verdauen zu können. Als es im letzten Krieg nicht genug zu essen gab, verschwanden die Magengeschwüre und waren 20 Jahre nach dem Krieg schlimmer als vorher wieder da. Darum ist es so wichtig, sich durch ein Gebet oder einen Spruch auf das Essen einzustimmen und die Mahlzeit in Ruhe einzunehmen.

Im Buch von Pollmer, Fock, Gonder und Haug „Prost Mahlzeit. Krank durch gesunde Ernährung" wird mit Recht darauf aufmerksam gemacht, dass Vollkornbrote aus dem Bäckerladen meist nicht gesund sind, weil die modernen Backmethoden zu rasch vorgehen. Der Abbau von Pythin braucht Zeit. Wenn er nicht vollständig erfolgt, sind die Mineralien und Spurenelemente für den Esser nicht voll verfügbar.

Pollmers Kritik an Kollaths Tabelle mag berechtigt sein, entscheidend sind aber sein Ausspruch: „Lasst die Nahrung so natürlich wie möglich" und seine Feststellung in Bezug auf die vielen unerforschten Stoffe im Getreide (heute nimmt man an, dass im Getreide noch Tausende unerforschte Stoffe sind) und sein Hinweis auf die Bedeutung unserer Ernährung für Gesundheit, Halbgesundheit oder Krankheit.

Pollmers Forderung: „Esst was euch schmeckt!" ist bei den heutigen Ernährungsvorlieben des Wohlstandsbürgers nicht gut.

Immer wieder wird eine exotische, hier teure Pflanze als Allheilmittel entdeckt. Lassen Sie sich davon nicht verführen. Auch unsere heimischen Pflanzen enthalten viele heilsame Kräfte. Entscheidend kann niemals ein einzelnes Produkt, sondern immer nur die gesamte Lebensführung sein. Auch der Arzt kann uns nur helfen, wenn wir bereit sind, unsere Lebensführung zu verbessern.

Mein Buch entstand aus der schriftlichen Zusammenfassung von Beratungsgesprächen im Reformhaus und Bioladen, aus Aufsätzen und Vorträgen. Die darin vorkommenden Wiederholungen sind dazu geeignet, den Stoff zu vertiefen.

Für Kritik bin ich dankbar.

Information

Gesund zu leben ist heute schwierig. Immer mehr Menschen sind gezwungen, in der Stadt zu wohnen. Abgase von Industriebetrieben, Autos und Heizungen verschlechtern die Luft und beeinträchtigen die Wirkung der Sonnenstrahlen. Das Wasser wird in den großen Städten gechlort. Der Bewegungsspielraum des einzelnen ist eingeschränkt. Es fehlt den Kindern im Freien und in den Wohnungen an Spielmöglichkeiten, und den Erwachsenen fällt es schwer, rasch ins Grüne zu gelangen. Doch gibt es noch weite Lebensbereiche, in denen der Einzelne sehr viel für seine Gesundheit tun kann.

Um gesund zu leben, brauchen wir: Ausreichend Bewegung und frische Luft, Körperpflege mit Wasser, Luft und Bürstenmassage, gesunde Kleidung mit Naturtextilien, gesunde Wohnungen, Seelenpflege durch Pflege des mitmenschlichen Kontakts und der Beziehungen zum Kulturgut der Menschheit, gesunde Ernährung, Freiheit des Denkens, Redens und Schreibens, Gesundheitserziehung vom ersten Tag an.

Ich habe mehr als 40 Jahre gelebt, ohne zu wissen, was ich für meine Gesundheit tun kann. Eines Tages brachte mich ein Naturheilarzt auf den richtigen Weg. 46 Jahre lang las ich Bücher und Zeitschriften und dachte über alles nach. Immer wieder konnte ich meine Lebensweise verbessern. Nun möchte ich das erworbene Wissen weitergeben. Jeder, der mein Buch sorgfältig liest, kann davon für seine eigene Gesundheit profitieren, auch dann, wenn er nicht alles übernehmen will oder kann.

Unsere Ärzte befassen sich mit dem kranken Menschen, und sie können ihn, wenn sie Glück haben, heilen. Die Pflege der Gesundheit ist heute noch dem Einzelnen überlassen, und er bedarf dazu einer Anleitung. Hierzu gibt es reichhaltige Literatur, an die aber nicht ganz einfach heranzukommen ist. Buchläden, Reformhäuser und Bibliotheken führen meistens nur eine bescheidene Auswahl. Körper, Seele und Geist gesund zu erhalten, erfordert intensive Bemühungen. Bitte haben Sie den Mut, sich selbst für Ihre Gesundheit verantwortlich zu fühlen.

Ich war sechs Jahre lang in Freiburger Reformhäusern tätig, anschließend beratend in Bio-Läden. Aus dieser praktischen Arbeit sind die Lehrbriefe entstanden. Im Reformhaus Lacoste sagte die damals 92-jährige Frau Lacoste sen. eines Tages: „Schreiben Sie mir doch mal auf, was Sie den Kunden sagen". Sie hatte schon immer gesagt: „Esst zuerst Rohkost, fastet, wenn euch etwas fehlt, oder esst mal einige Tage ganz einfach, z. B. nur Gerstenbrei." Als mich dann auch die Tochter aufforderte zu schreiben, fing ich 1975 an.

Bewegung und frische Luft

Professor Dr. Werner Zabel, ein Arzt, der sehr vielen Krebskranken geholfen hat, schreibt in einem kleinen Aufsatz in der 'Reformrundschau' sinngemäß folgendes: Wer nicht täglich 1 1/2 Stunden Bewegung in frischer Luft hat, kann auch bei bester Ernährung nicht gesund bleiben. Zunächst einmal: Was ist eigentlich frische Luft? Anita Backhaus hat ein lesenswertes Buch geschrieben: „Heilen ohne Pillen und Spritzen". Sie schreibt darin von ihrem Leben in Südamerika, wo es keine Spazierwege gibt. Sie geht statt dessen täglich in der Stadt spazieren. Es ist tatsächlich so, dass die Luft in geheizten Räumen meist sehr viel schlechter ist als die städtische Luft, wenn man nicht gerade einen Weg macht, der von einer Ampel zur anderen führt. Bitte denken Sie einmal darüber nach, welche Bedeutung die Luft für den Menschen hat: Wir können tagelang fasten, ja sogar wochenlang. Wir können einige Tage leben ohne zu trinken, aber wir können nur wenige Minuten existieren ohne zu atmen. Der europäische Mensch hat sich eine flache Atmung angewöhnt, d. h. von den Millionen Lungenbläschen ist üblicherweise nur noch ein mehr oder weniger großer Teil in Betrieb. Dagegen kann man etwas tun. Man kann die Atmung durch Übungen anregen, das einfachste ist aber die Bewegung. Durch die Bewegung steigt der Sauerstoffbedarf, und die Atmung wird angeregt, ohne dass wir uns darum bemühen müssen. Jeder sollte daher versuchen, so viel wie möglich zu Fuß zu gehen. Bitte überlegen Sie, ob Sie die Möglichkeit haben, täglich oder regelmäßig an bestimmten Wochentagen, zu Fuß zum Arbeitsplatz zu gehen, oder ob Sie einen Teil des Weges zu Fuß zurücklegen können. Wer dabei Schwierigkeiten hat, muss, will er gesund leben, eine andere Möglichkeit suchen. Wir könnten morgens und abends vor und nach der Tagesarbeit spazieren gehen, wenn nicht anders möglich auch in der Stadt; aber wer will so früh aufstehen bzw. abends auf alles andere verzichten? Sie können einen Teil des täglichen Programms auf das Wochenende verlegen, aber auch dann, wenn Sie am Wochenende nichts anderes tun, als in der freien Natur herumzulaufen, muss auch in der Woche irgend etwas geschehen, wenn Sie fit bleiben wollen. Wenn Sie sich sehr lebhaft bewegen, ist es möglich, die Zeit abzukürzen. Wenn Sie also laufen statt zu gehen, kommen Sie etwa mit der halben Zeit aus. Eine andere Möglichkeit ist die gymnastische Übung, im Garten, auf dem Balkon oder bei weit geöffnetem Fenster. Es gibt eine Yogaübung, das ‚Sonnengebet' genannt, bei welcher der Körper sehr gründlich durchgearbeitet wird. Genaue Anleitungen sind gegeben im Buch des Rajah von Aundh „Das Sonnengebet". Eine Engländerin kam zum Rajah von Aundh und erwartete, einen alten Mann kennen zu lernen, statt dessen fand sie einen trotz seiner mehr als 70 Jahre ungewöhnlich jugendlichen Menschen. Sie bat ihn aufzuschreiben, wie er in seinem Staat das ‚Sonnengebet' im Schulunterricht einführte und wie er und seine Familie leben. So entstand das Buch, das auch Berichte von Europäern enthält, die mit Hilfe dieser Übung ihre Gesundheit wesentlich verbessern konnten. In diesem Buch sind die Übungen durch Bilder dargestellt und beschrieben. Liegt es Ihnen nicht, nach einem Buch zu lernen, so können Sie sich in den Reformhäusern und bei der Volkshochschule informieren, wo in Ihrer Stadt Yogaunterricht gegeben wird. Unser Ziel ‚Bewegung in frischer Luft' können wir auch auf andere Weise erreichen (aber nie so billig, rasch und einfach wie mit dem ‚Sonnengebet', zweimal täglich 15 Minuten im Freien oder bei geöffnetem Fenster in gut durchlüftetem Raum). Radfahren, Rudern, Schwimmen, Skilaufen, Reiten, Handball und Fußball sind Sportarten, die mehr oder weniger den ganzen Körper durcharbeiten und meistens in der frischen Luft stattfinden. Radfahren und Reiten sind nur mit Einschränkung zu nennen, weil nicht alle Körperteile gleichmäßig beansprucht werden. Diese Aufzählung ist nicht vollständig. Sicher kennen Sie noch andere Sportarten, die Ihnen weiterhelfen können. Entscheidend ist, dass Sie Ihr tägliches Programm festlegen. Sie können auch Holz spalten, einem Bauern helfen oder sich einen Garten zulegen. Diese Tätigkeiten haben den Vorteil, das Angenehme mit dem Nützlichen zu verbinden.

Entscheidend ist, dass unser ganzer Körper wenigstens einmal am Tag durchgearbeitet wird, und das möglichst im Freien. Are Waerland, ein Schwede, der lange Jahre krank war und sich dann intensiv mit dem Problem der gesunden Lebensweise befasst hat, sagt: „Jeder soll einmal am Tag schwitzen". Das ist richtig. Der Mensch ist von der Natur vielseitig angelegt, und wenn wir nur noch unsere geistigen Fähigkeiten in Anspruch nehmen, verkümmert unser Körper, was sich dann auch wieder auf Seele und Geist auswirken muss.

Vielleicht denken Sie jetzt, es gibt doch viele Menschen, die nicht mehr jung und doch recht gesund sind, obwohl sie wenig Bewegung und frische Luft haben. Dazu muss man folgendes wissen: Der Mensch ist von der Natur auf ein Lebensalter von 120 bis 175 Jahren angelegt. Die meisten Säugetiere werden nämlich 6-7 mal so alt wie ihre Wachstums- und Reifezeit beträgt. Beim Menschen rechnet man mit 20-25 Jahren Wachstums- und Reifezeit. Tatsächlich starb vor kurzem der älteste Mensch der Erde im 169. Lebensjahr, und zur Zeit wird wieder von einem ebenso alten Menschen berichtet. Wo gesund gelebt wird, können alte Leute auch heute noch bis zu ihrem Lebensende tätig sein. Sie sind sozial angepasst, werden in der Familiengemeinschaft geschätzt und können auf Grund ihrer Erfahrungen in Problemsituationen wertvolle Ratschläge geben. Verlieren sie ihren Ehepartner, so finden sie auch in hohem Alter wieder einen neuen. Darüber erschien in Readers Digest ein Aufsatz „Mit 100 noch im besten Alter".

Es wurde über alte Menschen in den südamerikanischen Anden und auf dem Balkan berichtet, z. B. von einer Teepflückerin in China, die mit 100 Jahren noch Leistungsbeste war.

Eine falsche Lebensweise macht uns ganz allmählich krank. 20 – 30 Jahre können vergehen, bis nach dem Motto „steter Tropfen höhlt den Stein" die Gesundheit angeknackst ist. Ein Gesunder ist immer guter Laune. Er kann von morgens früh bis abends spät arbeiten und tut es gerne. Er kennt keine seelischen Probleme und hat guten mitmenschlichen Kontakt. Wenn wir gesund leben könnten, würden wir sehr alt und könnten lange und mit Freude arbeiten. Wir würden von weisen Männern und Frauen regiert, und es würde keine Rolle spielen, wenn wir langsam lernen würden. Es wäre nicht nötig, junge Menschen 10 Jahre, bevor sie ihre volle Reife erreicht haben, in der Art und Weise ins Wirtschaftsleben einzugliedern, wie das heute geschieht. Wer als Kind auf die Mutter verzichten muss, weil sie arbeitet, wer auf der Schule ein Leistungssoll erfüllen muss und wer dann noch als Jugendlicher im Wirtschaftsleben Leistungen erbringen soll, die dem ausgereiften Gesunden gemäß wären, steht ständig in Gefahr auszubrechen. Wir wissen alle, dass die Zahl der Fürsorgezöglinge, der Drogen- und Alkoholabhängigen, der Hippies und Gammler immer mehr steigt und das Alter, in dem der Einzelne seine Rente beantragt, immer früher erreicht wird. Schon gibt es Rentner, die einen Teil ihrer Rente sparen zu müssen glauben, weil sie mit einer Zeit rechnen, da niemand mehr da ist, der ihre Rente erarbeitet.

Ich glaube, dass die Gesundheitsvorsorge in der Hand des Einzelnen der Weg ist, den wir gehen müssen, weil hier jeder mitbestimmen und für sich entscheiden kann. Die stetig zunehmende Zahl der Volksläufe und Trimm-dich-Wege zeigt, dass die Zeit für diese Erkenntnisse reif ist und dass auch Menschen in leitenden Stellen dieses Wissen in die Tat umsetzen.

Bitte machen Sie sich hierüber Gedanken und versuchen Sie, die Ihnen gemäße Lösung zu finden.

Die Reinigung von Kleidung und Wohnung

Zum Waschen der Kleidung verwende ich nur noch indische Waschnussschalen (Versandfirmen). Ideal, denn ganz ohne Chemie.

Hat die Wäsche Flecken, so behandle ich sie vorher mit Borax (Versandfirmen). Ich hänge die Wäsche immer im Freien auf. Bei starker Sonneneinwirkung nehme ich kein Waschmittel und lasse die Wäsche zwei Tage von der Sonne bescheinen. Zum Geschirrspülen nehme ich nur heißes Wasser. Da in meiner Küche keine Fette erhitzt werden, reicht das. Habe ich Besuch, der den Teller nicht so gründlich leer isst wie ich, so nehme ich, wie schon meine Eltern und Großeltern, Soda. Weil es die Hände angreift, verwende ich nachher etwas Hautöl, z.b. selbst hergestelltes Johanniskrautöl mit einem flüssigen Öl, z.b. Weleda Massageöl, gemischt.

Die Fenster putze ich mit Essigwasser aus der Sprühdose. Die Holzböden werden mit einem Zusatz von der Firma Auro behandelt. Für Fliesenböden, Becken, Wanne und WC nehme ich Wiener Kalk (Versandfirmen).

Putzhilfen meutern anfangs, lassen sich dann aber überzeugen, dass es so besser ist. Allerdings ist es so etwas anstrengender. Ein Putzmittel mit viel Chemie wirkt rascher. Das Gefühl der Vermeidung von Umweltgiften entschädigt mich reichlich.

Körperpflege

Auch heute noch gibt es Menschen, deren Körper kaum mit Wasser in Berührung kommt. Es gibt Menschen, die sich nur Gesicht und Hände waschen und die doch fast immer gesund sind. Das sind Menschen, die in der Natur leben, die im Freien arbeiten und die auch meist keine geheizten Wohnungen und bestimmt keine geheizten Schlafräume kennen. Wer den größten Teil des Tages in einem Raum zubringen muss und keine Arbeit im Freien zu verrichten hat, der sollte etwas für seine Haut tun, die nicht mehr den Witterungseinflüssen ausgesetzt ist. Haben Sie schon einmal darüber nachgedacht, welch wichtiges Organ die Haut ist? Der Mensch atmet auch mit der Haut, und die Haut ist ein Organ, mit dem er Schlechtes aus dem Körper ausscheiden kann. Im Gegensatz zu den Naturmenschen, die es nicht nötig finden, ihren Körper mit Wasser zu pflegen, gibt es andere, die aus der Hautpflege einen übertriebenen Kult machen. Das tägliche Bad oder die tägliche warme Dusche sind nicht gesund. Warmes Wasser öffnet die Poren. Zu viel warmes Wasser macht schlapp, und empfindliche Menschen können hinterher eher frieren. Kaltes Wasser – kurz angewandt – bringt einen Kältereiz, der das Blut in die Haut strömen lässt und zu einer Erwärmung führt. Warmes Wasser sollte nur zur Körperreinigung und auch da nicht täglich angewandt werden. Es sei denn, wir haben täglich eine wirklich schmutzig machende Arbeit auszuführen. Gegen ein warmes Bad einmal in der Woche ist nichts einzuwenden. Man sollte es abends vor dem Schlafengehen nehmen. Es macht wohlig müde und hilft den schlechten Schläfern, rascher einzuschlafen.

(So schrieb ich vor 25 Jahren, heute, 87 Jahre alt, dusche ich in der kalten Jahreszeit täglich warm und anschließend kalt.)

Wer im Lauf des Tages wenig körperlich arbeitet, sollte die morgendliche Körperpflege mit einer Bürstenmassage anfangen. Das regt den Kreislauf an und macht uns munter. Es gibt jetzt bei Versandfirmen (Adresse in Gesundheitszeitschriften) die sogenannte Klosterbürste. Sie wurde im Mittelalter in den Klöstern hergestellt. Sie hat Borsten aus einer Kupferlegierung. Beim Bürsten der Haut entstehen negative Ionen wie z. B. auch an einem Wasserfall. Ich verwende die Bürste täglich ca. 7 Minuten. Die Wirkung ist sehr angenehm, erfrischend. Es gibt die Bürste groß und klein. Ich verwende die kleine.

Wir führen die Bürstenmassage in einem Raum mit guter Luft aus, doch darf es nicht zu kalt sein. Wir bürsten wenn möglich zum Herz hin. Wir beginnen mit dem rechten Bein, dann kommt das linke, dann rechter Arm, dann der linke, dann folgen die verschiedenen Körperteile, und zuletzt bürsten wir die Herzgegend. Bei Frauen wird um die Brust herum gebürstet, die Brust selbst aber nicht. Nachdem wir unseren Körper wenigstens 3 Minuten (es dürfen auch 5 -10 Minuten sein) gebürstet haben, bewegen wir uns noch eine Zeitlang ohne Bekleidung im Waschraum. Wir putzen die Zähne, massieren das Zahnfleisch mit einer kleinen harten Zahnbürste und bürsten unsere Haare sorgfältig. Anschließend massieren wir die Kopfhaut mit den Händen. Nun waschen wir unseren Körper von Kopf bis Fuß mit kaltem Wasser. Wer empfindlich ist, wasche immer nur einen kleinen Teil und fahre erst fort, wenn dieser gut getrocknet ist. Wer eine Badewanne besitzt, kann auch den Körper ganz kurz in kaltes Wasser eintauchen. Gut ist das Wasser, wenn man es abends schon einlassen kann. Das kurze Eintauchen in kaltes Wasser ist mir besonders angenehm, aber jeder kann da andere Erfahrungen machen. Wer über eine Handbrause verfügt, kann sich auch kalt abduschen. Dabei werden die Körperteile in der gleichen Reihenfolge geduscht wie beim Bürsten. Eine feste Dusche ist auch brauchbar, aber nicht so gut. Darunter zu stehen und sich das kalte oder auch heiße Wasser über den Kopf laufen zu lassen, ist nicht gut. Das werden Sie selbst merken, wenn Sie es erst einmal anders ausprobiert haben. Wer zu kalten Füßen neigt, sollte eine Schüssel mit heißem Wasser bereitstellen und sich während des Waschens mit den Füßen ins heiße Wasser stellen. Die Füße werden dann vor dem Abtrocknen kurz ins kalte Wasser getaucht. Entscheidend ist, dass wir nach dieser Prozedur warme Füße haben. Für viele wird es gut sein, sich auch zum Schluss noch einmal zu bürsten. Bevor Sie sich nun ankleiden, werden evtl. schmerzende Körperteile mit einem geeigneten Öl eingerieben, um die Durchblutung noch stärker anzuregen. Hier möchte ich noch etwas eigentlich Selbstverständliches sagen: Wer Schmerzen hat, gehört in ärztliche Behandlung, und zwar auch dann, wenn sich die Schmerzen nicht beheben lassen. Wer krank ist, kann evtl. nach Rücksprache mit dem Arzt mit heißem und kaltem Wasser abwechseln, z.B. in Form einer Wechseldusche. Wer gesund ist, braucht kein warmes Wasser. Wollen Sie wissen, ob Sie gesund sind, dann haben Sie hier eine einfache Probe. Sagt Ihnen die Waschung mit kaltem Wasser zu, dann spricht vieles dafür, dass Sie wirklich gesund sind.

Ideal ist die Waschung im Freien. Verfügen Sie über einen Garten oder Balkon, dann sollten Sie auf einfachste Weise einen nicht einsehbaren Waschplatz einrichten. Hier können sie, wenn es nicht zu kalt ist, planschen, ohne mit der Hausfrau in Konflikte zu kommen und ohne den Unwillen derjenigen zu erregen, die nach Ihnen ins Bad wollen. Seife verwenden wir bei der täglichen Waschung nur für Körperteile, die es wirklich nötig haben. Unser Körper hat eine natürliche Fettschicht, die wir nicht täglich zerstören sollten. Wir brauchen daher nur wenig Seife, haben aber nun auch das Geld, uns eine wirklich gute Seife zu kaufen. Entscheidend ist nicht der Geruch, sondern die Hautfreundlichkeit. Apotheken, Drogerien und Reformhäuser können Sie beraten.

Nun kommt eine wichtige Frage: Wie viel Zeit braucht man denn, um sich so zu pflegen. Es ist nicht so schlimm. Es soll zwar Leute geben, die jeden Morgen 1½ Stunden für dieses Programm brauchen, doch kann man, wenn es sein muss, mit 20 Minuten auskommen, 15 Minuten sind knapp. Besser ist es, wenn man sich 30 – 40 Minuten Zeit lassen kann. Für große

Familien mit nur einem Baderaum sei folgendes gesagt: Die Waschung kann praktisch in jedem Raum ausgeführt werden. Man braucht dazu ein großes Badetuch, das man auf den Boden legt, eine Schüssel mit kaltem Wasser und evtl. eine mit heißem, einen großen Waschlappen, z. B. ein Gästehandtuch, und zwei Tücher zum Abtrocknen, z. B. ein Frottiertuch für die erste Feuchtigkeit und ein Gerstenkornhandtuch zum Trockenreiben. Mit ein wenig Übung lässt sich die Waschung so ausführen, dass das auf dem Boden liegende Tuch nur wenig feucht wird.

Wenn wir die Gelegenheit haben, uns mit nacktem Körper im Freien aufzuhalten, sollten wir das immer tun. Unser Körper wird durch Wind und Wetter abgehärtet. Das beste Klima ist das an der Nordsee. Wer den Süden liebt, bedenke, dass Hitze anstrengend und für Kleinkinder nicht unbedenklich ist. Jedes ‚In-der-Sonne-Herumliegen‘ ist gefährlich. Wandern oder leichte Bewegung wird auch bei hohen Temperaturen meistens gut vertragen. Notfalls sorge man für bedeckte Arme und Beine. Indische Hosenanzüge aus handgewobener leichter Baumwolle lassen immer noch genug Sonne durch. Sie sind eine ideale Bekleidung für den sonnigen Süden. Man lasse den Kopf bei Sonnenschein vor allem in den Mittagsstunden immer bedeckt und lege evtl. eine Mittagspause ein, wie es die Einheimischen im Süden alle tun. Man beachte bei Reisen über größere Entfernungen immer die Klimaumstellung, die einige Schontage wünschenswert macht.

Die Ansichten über die Pflege der Haare haben sich in den letzten 40 Jahren sehr geändert. Früher war es üblich, die Haare alle 14 Tage zu waschen. Heute waschen viele junge Leute ihre Haare alle 2 – 3 Tage. Tatsächlich ist die Luft überall schmutziger geworden, doch ist es nicht gut, die Haare so oft zu waschen. Beim Waschen wird das Fett entfernt. Je öfter wir das tun, um so mehr bemüht sich der Körper, es zu ersetzen. So können die Haare 2 – 3 Tage nach dem Waschen schon wieder „zu fett" sein. Man sollte die Haare weniger waschen, nicht zu viel Seife verwenden, und man sollte die Haare anders pflegen. Handmassage der Kopfhaut, Bürsten, Kämmen mit Holzkamm, Haarwasser und Trockenshampoos sind Möglichkeiten, die Haare zu pflegen, ohne dass wir sie zu viel waschen. Als Haarwasser kann man auch einfach Essig nehmen. Haut und Haare zeigen sehr deutlich den allgemeinen Gesundheitszustand an. Eine frische Haut und schönes dichtes Haar hat der Mensch, der richtig lebt und vernünftig isst. Haut und Haar müssen von innen ernährt werden und brauchen dann weniger Pflege von außen.

Kosmetik ist meist eine Vorspiegelung falscher Tatsachen. Wenn unsere jungen Mädchen die Zeit, die sie zum „Anpinseln" brauchen, für eine echte Körperpflege verwenden würden und mit dem gesparten Geld den Beitrag zu einem Sportverein zahlen und sich dort auch betätigen würden, wäre unsere Jugend gesundheitlich besser dran. Teure Kosmetika sind teuer, weil teure Bestandteile verwandt werden, die aber nicht mehr helfen als billige. Allerdings haben wohlriechende Kosmetika, in bescheidenem Maß verwandt, durchaus ihre Berechtigung. Wer aus dem Haus geht und den ganzen Tag unter Menschen arbeiten muss, fühlt sich wohler, wenn er sich in einen angenehmen Geruch hüllen kann und eine Hautcreme bei sich hat, die ihm die Gewähr gibt, dass er die sich im Lauf des Tages entwickelnden Körpergerüche damit überdecken kann. Hier gilt aber wieder: Je gesünder wir leben, desto weniger unangenehme Gerüche haben wir an uns. Immer sollten wir morgens unser Heim von Kopf bis Fuß frisch gewaschen und wohl gepflegt verlassen. Auch eine Sonnenschutzcreme, ein Mittel gegen spröde Lippen und raue Hände und ein Fußbalsam (für Menschen, die viel stehen oder laufen) können zu unseren Körperpflegemitteln gehören. Die ayurvedische Medizin, die älteste indische Naturheillehre, empfiehlt eine Mischung von 2 Teilen Sonnenblumenöl und einem Teil Nelkenöl zur Einreibung des ganzen Körpers einmal wöchentlich. Diese Ölmischung eignet sich auch als Insektenschutz. Die insektenabwehrende Wirkung hält 1 1/2 Stunden vor.

Was ist Vollwertkost?

Vollwertkost nennt man eine Nahrung, deren Bestandteile vollwertig sind entsprechend dem Satz von Prof. Dr. med. Werner Kollath: „Lasst die Nahrung so natürlich wie möglich!"

Beispiele: Ein Apfel oder eine Möhre, die auf einem geeigneten Boden ohne Kunstdünger und Spritzgifte angebaut wurden, sind vollwertig; gedünstet werden die Enzyme (Fermente) inaktiviert. Von den Vitaminen werden zwischen 5 und 25 % zerstört, von in Wasser gekochten Lebensmitteln bleibt ein Teil der Vitamine und Spurenelemente im Kochwasser.

Bäckerbrote sind meist nicht vollwertig. Zwar muss das Getreide, wenn wir davon mehr essen wollen, gekocht oder gebacken sein, aber es gibt große Unterschiede. Vollkornmehl wird vom Luftsauerstoff angegriffen. Vollwertiges Vollkornbrot kommt von Bäckereien und Brotfabriken, die ihr Mehl mit eigenen Getreidemühlen unmittelbar vor dem Backen selbst herstellen. (In Freiburg und Umgebung gibt es ungefähr 40 Verkaufsstellen von solchem Vollkornbrot.)

Alle Brote, die nicht aus Vollkornmehl hergestellt sind, enthalten nur noch einen Teil der Vitamine, Mineralstoffe, Spurenelemente und der noch nicht erforschten Stoffe, von denen man durch Erfahrungen und Versuche weiß, dass sie da sein müssen. Man nennt sie sekundäre Pflanzenstoffe.

Die Menschen haben sich ca. 10.000 Jahre lang von Vollkornerzeugnissen ernährt, die in vielen Teilen der Welt auch heute noch im Vordergrund der Ernährung stehen. Die römischen Legionäre z. B. haben, als sie Germaniens Urwälder eroberten, täglich 750 Gramm Weizen gegessen. Auf 120 Soldaten kam eine Getreidemühle. Abends wurde gemahlen, Brei gekocht und für den nächsten Tag wurden Fladen gebacken. Es gab nur wenig Beikost, z. B. Zwiebeln. Sie können es selber ausprobieren; wenn sie den ganzen Tag marschieren, würde Ihnen so ein Weizenbrei oder ein Fladenbrot sehr gut schmecken. Nur weil wir zu wenig Bewegung haben und oft ohne den richtigen Hunger essen, und weil wir zu wenig Lebensfreude haben, soll die verfeinerte Nahrung uns Genüsse bringen, die der natürlich lebende Mensch bzw. derjenige, der seine Freizeit zum Ausgleich richtig gestaltet, nicht braucht, weil ihm die natürliche Nahrung schmeckt und er ihre wohltätigen Wirkungen sehr bald spürt.

Als vor 200 Jahren die industrielle Revolution die Trennung von Getreidekeim, Randschichten und Mehlkörper möglich machte, war das für Bäcker und Müller praktisch, für die Menschheit aber verhängnisvoll. Nun konnte das Mehl nicht mehr ranzig werden; der Keim enthält das wertvolle Keimöl, das beim Zutritt von Luftsauerstoff schnell ranzig werden kann. Es konnte nun Mehl Type 405 hergestellt werden, d. h. Mehl, das beim Verbrennen von 1 kg 4,05 Gramm Asche hinterlässt, während beim Vollkornmehl 17 bis 18 Gramm Asche übrig bleiben. Die Asche ist aber nichts anderes als der Gehalt an Mineralstoffen und Spurenelementen.

Die Vorstellung, dass eine vollkommene Aufwertung durch zusätzliche Kleie und Weizenkeime möglich sei, ist irrig. Das Ganze ist mehr als die Summe der Teile. Kleie und Weizenkeime werden erhitzt und sind keine Vollwertlebensmittel. Wenn wir Bäckerbrot aus Mehl Type 405 essen, bekommen wir weniger als ein Viertel der Mineralien und Spurenelemente, wobei die einzelnen Wirkstoffe unterschiedlich reduziert sind. Auch die B-Vitamine, die das Backen aushalten, sind mit Keim und Kleie zum großen Teil aus dem Mehl entfernt.

Selbst ohne alle anderen Belastungen wie Stress, Umweltvergiftung usw. wäre die Menschheit durch die Entwertung der Getreidekost zur Degeneration und zum Untergang verurteilt. Eine vollwertige Getreidekost dagegen ist eine Schutzkost, die uns hilft, die Belastungen zu überstehen.

Durch die Arbeiten von Kollath und seinen Nachfolgern wurde ein Teil der Bevölkerung aufgeklärt. Eine ständig wachsende Zahl von Menschen besitzt heute eine Getreidemühle, isst täglich 40 – 60 Gramm rohes Getreide als Frischkornbrei (auch Naturmüsli oder Kollath-Frühstück genannt) oder verwendet rohes Getreide in kleinen Mengen in Salaten. Ein großer Teil von ihnen backt auch selber.

Auch die Nüsse spielen in der Vollwertkost eine wichtige Rolle. Mit ihrem hohen Eiweiß- und Fettgehalt und ihrem Reichtum an Enzymen, Mineralstoffen und Spurenelementen sind sie tierischem Eiweiß vorzuziehen, weil zu viel tierisches Eiweiß (und dazu gehören auch die Milchprodukte), die Blutbahnen verstopft und die Ursache von Eiweiß-Speicherkrankheiten wie Herzinfarkt, Arteriosklerose, Diabetes, Rheuma usw. werden kann. Nüsse sollten allerdings als konzentrierte Nahrung nur in kleinen Mengen gegessen werden, z. B. 10 – 20 Gramm zu jeder Mahlzeit, fein gemahlen oder sehr sorgfältig gekaut.

Bei einer vollwertigen Kost ist folgendes zu berücksichtigen:
  1) Zu jeder Mahlzeit Frischkost, am besten vorweg, z. B. morgens Obst, mittags und abends Salate oder rohe Gemüse.

2) Vermeidung von tierischen Fetten, statt dessen ohne Hitzeeinwirkung hergestellte pflanzliche Fette, z. B. Sonnenblumen-, Leinsamen- oder Olivenöl.

3) Möglichst wenig erhitzte Speisen. Wem es behagt, der esse morgens nur rohes Obst und Nüsse. Zu jeder Mahlzeit nur ein gekochtes Gericht bzw. gebackenes Brot, das nach der Rohkost gegessen wird, ist eine gute Lösung.

4) Keine oder möglichst wenig manipulierte Produkte, d. h. solche Nahrungsmittel, die man nicht mehr Lebensmittel nennen kann, weil sie in Industrieprozessen ihrer Lebendigkeit beraubt wurden. Dazu gehören nicht voll ausgemahlene Mehle und daraus hergestellte Brote und Kuchen. Auch Haferflocken und gekaufte Vollkornnudeln sind Industrieprodukte, die nicht im Vordergrund der Ernährung stehen sollten. Zu den Industrieprodukten muss man auch einen Teil der sogenannten Vollkornbrote rechnen, die in großen Brotfabriken hergestellt werden, weil diese Firmen sich die Herstellung erleichtern, indem sie zum frisch gemahlenen Vollkornmehl bei vielen Broten einen gewissen Prozentsatz Auszugsmehl hinzufügen. Der Konsument sollte verlangen, dass der Anteil an Auszugsmehl genau angegeben wird. Dies wird nur zu erreichen sein, wenn der Gesetzgeber es vorschreibt. Industrieprodukte sind auch Obst- und Gemüsesäfte. Etwas anderes ist es, wenn man milchsauer vergorene Gemüsesäfte esslöffelweise zur Salatsauce nimmt. Man muss aber wissen, dass auch diese Säfte erhitzt sind, wenn auch schonend.

Wer glaubt, Fleisch essen zu müssen, der wähle mageres Fleisch von natürlich gehaltenen Tieren. Solche Tiere gibt es aber kaum noch. Viele Menschen stört der Gedanke, dass die Haustiere das Brot der Armen in der 3. Welt fressen. Ohne Haustiere könnte jeder auf der Welt 3.000 Kalorien an Nahrung erhalten, nur aus dem Getreide, das heute angebaut wird. Viele wollen nicht an der Not der Tiere schuld sein, die heute zum größten Teil in quälender Massenhaltung leben. Viele wollen keine Milchprodukte von Kühen, denen Jahr für Jahr eine Trächtigkeit aufgezwungen wird, um ihnen das Kalb gleich nach der Geburt wieder wegzunehmen.

So kommt es, dass die Zahl der Pflanzenesser rasch wächst. Ob Fleischesser, Laktovegetarier oder reiner Pflanzenköstler (Veganer): Wer gesund leben will, der braucht in der Küche einen kleinen Tisch, an dem die erforderlichen Geräte, wie Getreidemühle, Nussmühle und bei größeren Familien Gemüseraffel, angeschraubt sind. Es gibt auch Menschen, die in einer kleinen Kochnische Vollwertkost praktizieren. Sie brauchen keine Geräte, weil sie noch gute Zähne haben. Die Körner werden nur eingeweicht und dann gekaut, die Nüsse ganz gegessen, und auch das Gemüse braucht nicht unbedingt geraffelt zu werden; ja, es ist umso vollwertiger, weil, wenn wir abbeißen, kein Luftsauerstoff Zerkleinertes angreifen kann.

Vollwertgetränke sind reines Wasser, Mineralwasser und Kräutertees mit gutem Leitungswasser oder, wenn nicht verfügbar, mit Mineralwasser. Es gibt Geräte, mit denen man das Leitungswasser für das ganze Haus entkalken kann und solche, die mit Kohlefilter die Schwermetalle ausfiltern. Beim Trinken sollten Sie sich in Bezug auf die Menge von keiner Theorie beeinflussen lassen. Die benötigte Menge ist individuell verschieden und hängt z. B. davon ab, ob Sie viel schwitzen und ob Ihre Nahrung viel Wasser enthält. Als Anhaltspunkt für den Flüssigkeitsbedarf kann das Gewicht dienen. Bei 70 kg sollte ein Mensch etwa 2 Liter trinken.

Milch ist eine Speise und kein Getränk. Erhitzte Vorzugsmilch ohne die wertvollen Enzyme und mit reduzierten Vitaminen; unerhitzte Vorzugsmilch kann meist nur mit viel Chemie so geliefert werden, dass sie den gesetzlichen Bestimmungen entspricht. Die Tiere bekommen Medikamente, zum Teil zur Vorbeugung, von denen Spuren in die Milch übergehen. Die Milch fließt vom Euter durch Leitungen in die Kühlbehälter. Nach dem Melken werden die Leitungen mit chemischen Spülmitteln behandelt. Es gibt einzelne biologisch arbeitende Bauern, die eine einwandfreie Vorzugsmilch liefern und die auch ohne Spülmittel auskommen, aber es sind nur ganz wenige. Ein Wasserforschungsinstitut im Hotzenwald hat herausgefunden, dass einmal mit einem Spülmittel behandeltes Geschirr nie mehr ganz von den Spuren dieser Spülmittel befreit werden kann. Man muss auch daran denken, dass Kühe große Flächen begrasen, die aus der Luft und dem Wasser Gifte aufnehmen.

Professor Dr. med. Lothar Wendt fand heraus, dass tierisches Eiweiß zu Ablagerungen in unseren Zellen führen kann, welche die Ursache vieler Krankheiten sein können (z. B. Herzinfarkt, Diabetes, Rheuma, Magengeschwüre, usw.). Auch Eier, Milch und Käse enthalten tierisches Eiweiß. Professor Wendt fand heraus, dass nur 1/4 der Menschen tierisches Eiweiß einigermaßen verträgt, 50 % essen mehr davon als sie verkraften können, und das letzte Viertel verträgt das tierische Eiweiß so schlecht, dass sie besser reine Pflanzenköstler wären.

Die Umstellung kann langsam oder von heute auf morgen erfolgen. Das kommt auf die Verhältnisse an. In der Übergangszeit ist es oft so, dass die Hausfrau, welche die Vollwertkost einführen will, nicht weiß, wie sie das ihrer Familie beibringen kann. Hier muss die Umstellung mit überzeugenden Proben der Vollwertkost allmählich erfolgen. Die Familie muss erst auf den Geschmack kommen. Schwierig kann es sein, wenn nur der Ehemann Vollwertkost will. Mit viel Geduld muss er selber zumindest am Wochenende mitkochen, für die erforderlichen Geräte sorgen und der Ehefrau genau erklären, was er will und wie es zubereitet wird. Ein Ehemann, der sich die Vollwertkost selber zubereiten muss und zusehen muss, wie Frau und Kind sich minderwertig ernähren, ist ein unglücklicher Mensch.

Möglichkeiten zur Umstellung:
1) Kochen wird zum Hobby Nr. 1, mindestens eine Zeit lang.
2) Besuch eines Vollwertkochkurses evtl. von beiden Ehepartnern gemeinsam.
3) Umstellung im Urlaub in einer Ferienwohnung, wo selber gekocht wird. Getreidemühle, Nussmühle, Gemüseraffel, Kochbücher mitnehmen.
4) Kostumstellung im Urlaub in einem Hause mit Lehrküche.
5) Kostumstellung im Anschluss an eine Fastenkur. Hierzu braucht man längere Zeit, mindestens drei Wochen (1. Fasten, 2. aufbauen, 3. kochen lernen in der Lehrküche des Fastenhauses).

Die 5. Möglichkeit ist dann vorzuziehen, wenn der Gesundheitszustand schlecht ist und wenn man evtl. lieb gewordene Gewohnheiten aufgeben will (rauchen, Alkohol, Bohnenkaffee, Schwarztee. Auch Kakao ist ein Genussgift und kann durch Carob ersetzt werden).

Die Bedeutung des Getreides
für die menschliche Ernährung

Vortrag, Nazoräerkonvent, Juli 1982, Lindenhof, 78532 Tuttlingen

Seit Tausenden von Jahren bilden Mensch und Getreide eine Lebensgemeinschaft. Die Menschen haben die Urformen des Getreides, die Gräser, schon immer gegessen. Ob sie diese reif und hart oder in der sogenannten Milchreife, noch weich, geerntet und gegessen haben, wissen wir nicht. Aus den Gräsern haben die Menschen das Getreide gezüchtet. Über diesen Vorgang wissen wir nur wenig. Die Anfänge liegen etwa 7000 Jahre zurück. Bekannt sind die Urformen des Weizens, Spelt, Einkorn und Emmer. Spelt, auch Dinkel genannt, gibt es heute noch. Diese alten Getreidesorten kann man beziehen bei der Firma Urkorn in Österreich, Adresse: Urkornhof, Point 11, A-4655 Vorchdorf im Almtal.

Der Mais ist das Getreide des Westens und wächst in Amerika, überall dort, wo es warm genug ist, aber auch in Süditalien und auf dem Balkan. Auch am Oberrhein gedeiht Mais.

Der Reis ist das Getreide des Ostens, des asiatischen Lebensraumes.

Afrika ist das Land der Hirse, aber auch in Ost- und Mittelasien sind Hirsegebiete.

Roggen, Weizen, Gerste und Hafer haben heute in Europa ihre Hauptanbaugebiete.

Ich zitiere Kollath „Die Ordnung unserer Nahrung", S. 152: „Die Getreide gehören botanisch zu den Gräsern, die in ihrer Gesamtheit für die Erhaltung des Lebens der Tiere und auch der Menschen eine größere Bedeutung besitzen als alle anderen Pflanzen. Die Urformen befanden sich zum größeren Teil wahrscheinlich im asiatischen Hochland, von wo sie sich mit der Wanderung der Menschen über Asien und Afrika nach Europa, ferner vielleicht auch über die frühere Landbrücke der Beringstraße nach US-Amerika ausgebreitet haben (z. B. der Mais)."

Rikschakulis, die geschenktes Fleisch nach einigen Tagen zurückwiesen, weil es sie müde machte, ernährten sich überwiegend von Getreide, diesmal von Reisbrei aus Vollkorn. Überall auf der Welt, wo Getreideanbau möglich war, hat Getreide die Grundlage der Ernährung gebildet, bis vor ca. 250 Jahren mit dem Beginn der industriellen Revolution eine erst langsame, dann immer schnellere Abkehr vom Getreide stattfand, begleitet von Verfalls- und Degenerationserscheinungen.

Müssten wir von nur einem Lebensmittel leben, so wäre das Getreide allen anderen Lebensmitteln vorzuziehen, weil seine Zusammensetzung am besten unseren Bedürfnissen entspricht. Tatsächlich haben früher, als es noch kein entwertetes Brot gab, Gefangene längere Zeit bei Wasser und Brot ausgehalten, ohne dass sich Krankheiten einstellten.

Die Zahlenwerte der Inhaltsangaben unterliegen bei verschiedenen Autoren starken Schwankungen. Die Inhaltsstoffe hängen von vielen Faktoren ab; z. B. Art, wie Saathafer oder Nackthafer, Klima, Boden, Höhenlage, Bewirtschaftungsweise, Erntemethoden und Lagerung. Getreide enthält Fett (Reis 0,7 % – Hafer 7,1 %), Eiweiß (Mais 4,6 – % Hafer 16 %), Kohlenhydrate, ca. 70 %, Mineralstoffe und Spurenelemente (1,7 % Weizen – 2,8 % Hirse), Vitamine und Enzyme. 750 Gramm Weizen enthalten etwa 90 Gramm Eiweiß und 13,5 Gramm Fett.

Zum besseren Verständnis wollen wir auf das Getreideeiweiß eingehen. Der Mensch braucht alle 28 Aminosäuren, von denen er 18 – 20 im Körper selber aufbauen kann. Die restlichen 8 – 10 müssen mit der Nahrung zugeführt werden, eine davon nur von Zeit zu Zeit und eine nur bei Menschen, die noch nicht ausgewachsen sind; 8 müssen ständig zugeführt werden. Die Aminosäuren werden in einem bestimmten Verhältnis gebraucht, also nicht von allen gleichviel. Es gibt nun Lebensmittel, deren Eiweißzusammensetzung dem Bedürfnis des Menschen mehr oder weniger entspricht. Das Ei-Eiweiß entspricht dem des Menschen zu 94 % und erhielt daher die Wertziffer 94. Weizeneiweiß entspricht dem des Menschen zu 52 % und erhielt daher die Wertziffer 52. Früher hielt man Lebensmittel mit in diesem Sinne hochwertigem Eiweiß für wertvoll. Heute denkt man darüber anders. Wir leben ja nicht von einem Lebensmittel allein. Wir wissen, dass sich die verschiedenen Lebensmittel ergänzen und aufwerten. So ergibt sich z. B. aus der Kartoffel, Wert 80, und dem Ei, Wert 94, eine Wertigkeit der Kombination von 136. Diese Kombination wird von der Schulmedizin bei der Diät der Nierenkranken angewandt, weil Nierenkranke kein Fleisch vertragen.

Da die Kombination von Aminosäuren im Getreide mit denen in Milchprodukten eine sehr gute Ergänzung bildet, ist die laktovegetabile Ernährung problemlos. Der Veganer nutzt die Ergänzungsmöglichkeiten zum Getreide vor allem durch das grüne Blatt und die Hülsenfrüchte. Auch Mandeln und Erdnüsse eignen sich besonders gut zur Ergänzung.

Es gibt wohl noch viele gute Kombinationen, von denen wir noch nichts Genaues wissen, weil die Eiweißwerte (Aminosäurenzusammensetzung) der Pflanzen noch wenig erforscht sind. Unsere Vorfahren, die nur ausnahmsweise Fleisch aßen und auch nicht annähernd so viel Milchprodukte wie wir, haben ohne unsere heutigen Kenntnisse richtig kombiniert. Zum Brotbacken wurde ein Teil Mehl aus Hülsenfrüchten verwandt. Die Eiweißwerte der verschiedenen Getreide sind unterschiedlich und daher auch die Notwendigkeit der Kombination. Die Darmflora stellt Aminosäuren im Dickdarm her, die aber nur im Dünndarm resorbiert werden können.

Entscheidend sind das Alter und der Gesundheitszustand bei der Umstellung. Auch beim (scheinbar) Gesunden dauert es mehr oder weniger lang, bis die Darmflora wieder lernt, das zu leisten, was sie bei Naturvölkern noch heute kann.

Der Mais

Der Mais wurde in Peru schon vor 4000 Jahren in seiner jetzigen Form angebaut. Seine Wildform ist unbekannt. Er ist das Getreide mit dem geringsten Eiweißwert. Er bedarf einer Ergänzung, z. B. durch Hülsenfrüchte, wie Bohnen oder Erdnüsse. Für unsere Ernährung kommt Mais nur als gelegentliche Beigabe in Frage. Es empfiehlt sich, Getreide aus unserem Lebensraum vorzuziehen.

Ernährungswissenschaftler aus aller Welt geben diesen Rat, ohne dass ich bisher eine wissenschaftliche Begründung gefunden habe. Doch leuchtet dies aus mehreren Gründen ein. Mensch und Umwelt stellen eine Einheit dar. Es ist ökonomischer, Lebensmittel zu bevorzugen, die in der Nähe wachsen. Transportmittel, wie Schiff, Flugzeug und Auto, belasten die Lebensmittel mit Abgasen. Beispiel: Demetergetreide, 500 km mit dem Auto transportiert, ist nicht mehr frei von Schadstoffen.

Kollath schreibt, die durch einseitige Maiskost entstehende Mangelkrankheit (Pellagra), eine Vitamin-B-Mangelkrankheit, könne nur dann entstehen, wenn nicht nur Mais allein gegessen werde, sondern es müsse immer gleichzeitig ein Kalorienmangel vorliegen. Dies gilt für alle Eiweißmangelkrankheiten, weil bei knapper Kost das Eiweiß vom Körper nicht als solches verbraucht wird, sondern zum Ersatz von Fett und Kohlenhydraten dient.

„Da der Stoffwechsel in der Muskulatur auf dem Umsatz von Zucker und Stärke beruht, ist es verständlich, dass die Indios in den Anden bei vorwiegender Ernährung von Mais zu großen Dauerleistungen befähigt sind. Es kommt dabei noch eine andere Komponente hinzu: Die Indios kombinieren den Mais gerne mit Bohnen, und es wurde ernährungswissenschaftlich festgestellt, dass das Mais-Eiweiß in der Tat durch das Bohnen-Eiweiß besonders günstig aufgewertet wird. Diese Gegebenheit ist in der Entwicklungshilfe in Tansania von einem deutschen Forscherteam genutzt worden. Es war dort unter den Kindern des Landes die Eiweißmangelkrankheit Kwashikor stark verbreitet. Dieser Name heißt übersetzt: ‚das vorletzte Kind.' Was bedeutet dies? Die Kinder werden in Afrika mehrere Jahre gestillt. Erwartet die Mutter während dieser Periode erneut Nachwuchs, muss vorzeitig abgestillt werden. Dann kommt es meist zu Eiweißmangel, da die kleinen Kinder die übliche Nahrung, die aus grob zerquetschten Maiskörnern besteht, nicht vertragen.

Hier setzt die Arbeit der Entwicklungshelfer ein. Es wurden einfache Maismühlen gebaut; denn es hatte sich gezeigt, dass die Kinder den fein zermahlenen Mais gut verdauen konnten. Ein weiterer Mangel war dadurch entstanden, dass 80 % der Bohnenernte durch Schädlinge vernichtet wurden. Man half sich indessen nicht etwa auf die Weise, dass man aus Europa eines der hochgiftigen Schädlingsbekämpfungsmittel anforderte, sondern man setzte mit Erfolg das pflanzliche Mittel Pyrethrum ein. „Mit gemahlenem Mais- und Bohnenmehl gelang es, die Eiweißmangelerscheinungen zu überwinden." Siehe Renzenbrink: „Die sieben Getreide". S. 132/133

Der Reis

Der Reis ist im Gegensatz zum Mais das Getreide mit dem wertvollsten Eiweiß, biologische Wertigkeit 70, wobei aber der Anteil nur gering ist. Reis hat 5 – 8 % Eiweiß.

„Das Eiweiß ist nicht auf die Randschichten beschränkt, sondern durchwirkt in einmaliger Weise den Stärkekörper. Durch die innige Durchmischung von Eiweiß und Kohlenhydraten ist sein hoher Nährwert und eine leichte Verdaulichkeit vom Eiweiß gegeben." Renzenbrink, „Die sieben Getreide", S.66.

Reis wird heute auch in der Poebene, im Rhonedelta und an der spanischen Mittelmeerküste angebaut.

Es ist nicht gut, Demeterreis aus Mexiko zu essen. Man sollte sich bei Einkäufen darüber informieren bzw. die Kennzeichnung nach Herkunftsland und Anbaumethode verlangen.

Reis ist sehr leicht verdaulich und das Getreide mit den geringsten Fettanteilen (0,7 – 1,5 %). Reis kühlt und ist daher in erster Linie für die Menschen im warmen Osten. Bei uns sollte er nur bei warmem Wetter auf dem Speiseplan erscheinen. Der Reis hat diätetische Wirkung. Bei Wasseransammlungen im Körper hilft er Flüssigkeiten ausscheiden. Mit Reisdiät kann man sein Gewicht reduzieren, ohne zu fasten. Reisschleim hilft bei Magen- und Darmstörungen und bei Durchfällen der Säuglinge, genauso wie es Gersten- und Haferschleim tun.

Die Seelenhaltung der Asiaten und die Stärke im Durchhalten bei Naturkatastrophen und Hungersnot schreibt Renzenbrink nach Ottilie Zeller der Reiskost zu.

Die Hirse

Die Hirse wuchs auch bei uns. 1556 wurde sie als Hauptnahrungsmittel der armen Bevölkerung bezeichnet. Kollath schreibt dazu in „Die Ordnung unserer Nahrung" auf den Seiten 153/154: „Endgültig verschwindet sie aus Deutschland, als die Kartoffel und der Mais sie verdrängen. Biologisch gesehen bedeutet dieses Verschwinden wahrscheinlich einen großen Verlust für die europäischen Völker; denn in der Hirse finden sich erhebliche Mengen von Vitalstoffen, besonders von Silicium, deren Vorhandensein sich über mehrere Generationen in günstigem Sinne auswirken können. ..."

In der Schweiz hat man mit der Wiedereinführung der Hirse bereits erfolgreich begonnen. Hirse sollte regelmäßig, vielleicht einmal in der Woche, auf unserem Speiseplan erscheinen. Sie ist allerdings nicht das einzige Getreide mit Silicium, wertvoll für Knochenbau, Zähne, Nägel und Haare. Auch die anderen Getreide enthalten es, und der Roggen in besonderem Maße.

Renzenbrink schreibt in „Die sieben Getreide" auf S. 94/95: „Der Fettgehalt ist mit 5 % fast so hoch wie beim Hafer. Das Fett hängt wiederum mit der Wärmewirkung zusammen. Die Daten für Fluor werden in den Analysen verschieden angegeben. Aber die vorhandene Menge ist ja nicht das Entscheidende, sondern der Fluorprozess. Und dieser scheint mit seiner Tendenz zur Härtung bei der Hirse intensiv zu sein. Der Gehalt an Eiweiß liegt bei 10 %, Mineralstoffe insgesamt 2,8 %." Hirse wird oft nicht richtig zubereitet. Sie braucht die 3-fache Menge Wasser und 45 – 60 Minuten Kochzeit. Sie braucht wie Reis keine Nachquellzeit. GenaueAngaben zu den Kochzeiten im Buch von Frese: „Das große Handbuch der vegetarischen Vollwert-Ernährung". Siehe auch Kopie aus diesem Buch (vor Literaturverzeichnis).

Der Hafer

Über den Hafer besitzen wir ein gutes Buch: Kühnau/Ganssmann: „Hafer, Element der modernen Ernährung". Das Buch ist auf Veranlassung der Haferflockenindustrie geschrieben worden.

Der Hafer nimmt eine Sonderstellung ein. Er schmeckt besonders gut. Er hat den höchsten Gehalt an Fett, 7 %, und an Eiweiß, 16 %; man kann mit Hafer viele Krankheiten günstig beeinflussen. Hafer gedeiht gut in kühlem, feuchtem Klima. Über die Herkunft des Hafers ist nichts Genaues bekannt. Die vielen verschiedenen Hafersorten erschweren die Forschung.

Bis vor kurzem gab es bei uns nur *Avena sativa*, den Saathafer, eine Form mit Spelzen, die sich schwer entfernen lassen, während am Mittelmeer und in China andere Sorten und auch Nackthafer wuchsen. Heute spielt auch bei uns der Nackthafer eine wichtige Rolle. Diese empfindliche Haferart macht die Gewinnung von Sprießkornhafer möglich. Wenn nämlich beim Saathafer das Korn aus den Spelzen gelöst wird, wird der

Keim verletzt, und der Hafer ist nicht mehr keimfähig. Er wird als Haferkerne angeboten im Gegensatz zum keimfähigen, teuren und knappen Sprießkornhafer mit dem unbeschädigten Keim.

Da es Wildhafersorten mit bis zu 27 % Eiweißgehalt gibt, sind zur Zeit Bestrebungen im Gange, durch Einkreuzen dieser Sorten Hafer mit höherem Eiweißgehalt zu züchten. Die Eiweißzusammensetzung beim Hafer ist besonders wertvoll. 100 Gramm Hafer enthalten von 6 Aminosäuren bereits die erforderliche Tagesration, und man braucht zur Ergänzung weniger Milch oder Hülsenfrüchte als bei anderen Getreidearten. Der Hafer spielte in der Ernährung unserer Vorfahren eine wichtige Rolle.

Wir erleben heute eine Neubesinnung auf die Werte des Hafers in Zusammenhang mit der Erkenntnis über die gesundheitliche Wirkung des Hafers.

Vom für die Energieversorgung unentbehrlichen Vitamin B1 (Thiamin) ist im Hafer 20 – 25 % mehr enthalten als in den anderen Getreidearten; es bleibt bei der Flockenherstellung zu 80 % erhalten, während es bei Weizen, Mais und Gerste größtenteils zerstört wird. Hafer ist reich an Mineralien und Spurenelementen. Besonders auffallend ist der Reichtum an Kalzium, Eisen, Phosphor, Zink, Mangan und Silicium. Frisch zubereiteter Haferschleim wirkt heilend auf die Magen- und Darmschleimhäute. Man sollte daher Haferschleim für Kleinkinder nicht aufwärmen, sondern jede Flasche neu zubereiten.

Die Kohlenhydrate des Hafers enthalten die Fruktose. Ich zitiere Kühnau/Ganssmann S. 20/21: „Fruktose wird im menschlichen Körper ohne Mitwirkung von Insulin verwertet, kann also beim Zuckerkranken, der zu wenig oder gar kein Insulin produziert, die Glukose ersetzen und wird von ihm als Kalorienlieferant verwertet. Auf diese Tatsache gründet sich die seit 80 Jahren mit Erfolg empfohlene Anwendung der „Haferkur" beim Diabetiker und ihre mehrfach beobachtete blutzuckersenkende Wirkung."

Hafer enthält nicht nur mehr Fett (fast doppelt so viel wie Mais, mehr als 10 mal so viel wie Reis), sondern auch einen Anteil von 80 % ungesättigter Fettsäuren, so dass 100 Gramm Hafer bereits 1/3 des Tagesbedarfs decken. Außerdem enthält er Stoffe, die zu einer Herabsetzung des Blutcholesterinwertes führen. Haferkost ist daher antisklerotisch und schützt Herz und Kreislauf. Sie beeinflusst arteriosklerotische Gefäßveränderungen, die für Koronarsklerose und Herzinfarkt verantwortlich sind.

Berichte über Haferkost bei Expeditionen und sportlichen Hochleistungen bestätigen die belebende und leistungssteigernde Wirkung des Hafers, die allerdings ihre Grenzen hat. Man denke an den Ausspruch „ihn sticht der Hafer". Temperamentvolle Menschen können, genau wie Pferde, durch zu viel Hafer übermütig, ja hitzig oder jähzornig werden. Der zu Depressionen neigende Mensch dagegen wird die anfeuernde Wirkung des Hafers empfinden.

Zitat Kühnau/Ganssmann S. 44: „Dieser antidepressive Wirkungsmodus des Hafers ist auch beim Menschen nachweisbar, wie Beobachtungen an einem Kollektiv freiwilliger Versuchspersonen über längere Zeit ergaben. Er äußert sich in einer anhaltend gehobenen, heiteren und unternehmungslustigen Stimmungslage, einem erhöhten Aktivitätsdrang und vermindertem Schlafbedürfnis."

Hafer beeinflusst die Milchbildung, ist also gut für stillende Mütter. Im Wachstum zurückgebliebene Kinder können durch die Hafer-Milchkost gefördert werden. Wer keine Milch nehmen will, sei darauf aufmerksam gemacht, dass Sesam außerordentlich reich an Kalzium ist, so dass 40 Gramm davon ebenso viel enthalten wie 1/2 Liter Milch. Ich zitiere Kühnau/Ganssmann S. 45: „Selbst bei hochfieberhaften ernährungsgestörten Säuglingen im ersten Monat und bei Frühgeburten bewähren sich die schnell schmelzenden Haferflocken als gewichtsansatzfördernde antidyspeptische Kontrastnahrung, unter deren Einwirkung eine schnelle Normalisierung des Hautturgors, der Hautfarbe und der Stühle eintritt."

Man weiß nicht genau, wodurch die wachstumsfördernde Wirkung des Hafers zustande kommt. Zitat S. 46: „Es ist nicht klar, ob es sich bei diesem Effekt um eine echte Wachstumsförderung handelt oder um den Summationseffekt einer allgemeinen Verbesserung der Verdauungs- und Rezeptionsverhältnisse im Darm." (Wenn frisch gekocht). „Umgekehrt kann Ersatz des üblichen Frühstücks durch eine einfache Haferflockenmahlzeit bei sonst kalorienarmer Ernährung zur Beschleunigung einer beabsichtigten Gewichtsabnahme beitragen, vor allem bei übergewichtigen Kindern."

Hafer hilft wirksamer als alle anderen Getreide bei Eiweißmangelstörungen und kann einen wichtigen Beitrag zur Schließung der Welteiweißlücke liefern, die genauer eine Weltenergielücke ist.

Durchfall bei Kindern kann durch Haferschleim geheilt werden, weil der Darm reguliert, beruhigt und normalisiert wird. Es gibt Kinder, die gegen das in Roggen, Weizen und Gerste enthaltene Gliadin und Gluten allergisch sind und davon schwere Durchfälle bekommen. Diese Krankheit heißt Zöliakie oder Sprue. Das Hafereiweiß enthält nur ein Minimum an Gliadin. Je nach Konstitution kann, nicht bei allen, aber in vielen Fällen, Haferkost helfen.

Intellektuelle Ausfälle und emotionale Störungen bei Schulkindern und Jugendlichen können durch langfristige Haferkost weitgehend beseitigt werden. Zitat Kühnau/Ganssmann S. 48: „In Untersuchungen an Hilfsschülern im 4. Schuljahr und leistungsschwachen Lehrlingen, deren Intelligenzgrad in jeweils 4 Tests (Aufmerksamkeits-, Rechen-, Diktat- und Warteggtest) bei Versuchsbeginn und Ende geprüft wurde, ergab sich nach 3 Monaten einer solchen Diätbehandlung bei der Mehrzahl der Testpersonen eine klare Steigerung der geistigen Leistungsfähigkeit."

Haferkost besitzt eine Schutzfunktion gegenüber Zahnschmelz und wirkt vorbeugend und heilend auf den Zahnapparat! Nur einen Hinweis vermisse ich im Buch von Kühnau/Ganssmann: Hafer wirkt stärker als die anderen Getreide übersäuernd. Es muss also immer genügend Gemüse, am besten in Form von Gemüserohkost, dazu gegessen werden. Auch wäre derjenige schlecht beraten, der nun alle anderen Getreide weglassen und sich ganz an den Hafer halten würde. Die ganzen Haferkörner, gekeimt, grob geschrotet, fein gemahlen, roh und gekocht, sind bei Gesunden den Haferflocken vorzuziehen. Besser als gekaufte Haferflocken sind mit der Flockenquetsche selbst hergestellte.

Welche Temperaturen bei der Haferflockenherstellung entstehen, teilen uns die Autoren leider nicht mit. Französische Bio-Haferflocken werden mit 60 – 65 Grad Hitze hergestellt.

Der Weizen

Der Weizen gilt als das königliche Getreide wegen seiner reichhaltigen Inhaltsstoffe, seiner guten Backfähigkeit und der dadurch gegebenen Möglichkeit, auch Kuchen und Gebäck daraus herzustellen. Er braucht guten Boden und viel Sonne und gedeiht daher gut im europäischen Süden.

Die Werte der Inhaltsstoffe hängen ab von Boden, Klima, Sonnenscheindauer, Düngung und anderen Faktoren. Weizen enthält die Spurenelemente Kalium, Natrium, Kalzium, Magnesium, Eisen, Phosphor, Schwefel, Silizium, Mangan, Aluminium, Kupfer, Zink, Chlor, bei ausreichender Düngung auch Bor, Brom, Kobalt, Fluor, Nickel, Selen und Vanadium. Die Nährstoffe wie Eiweiß, Fett, Stärke, Zucker bedürfen dieser Inhaltsstoffe als katalytische Hilfe zu ihrem Aufbau und ihrer Aufspaltung.

Der Weizen enthält folgende Vitamine: B1, B2, B6, P-Aminobenzoesäure, M2 (Folinsäure), Pantothensäure, A, D, E, F und K, das antianämische Vitamin Hämogen. Vitamin C fehlt, es wird bei der Keimung aus Vitamin E gebildet. Alle Vitamine, Mineralien und Spurenelemente sind überwiegend im Keim und in den Randschichten enthalten. Mehl Type 405 enthält nur noch 1/4 der Mineralien, wobei aber einige fast ganz verschwunden sind.

Die Vollwertigkeit des Weizens hängt von 2 Faktoren ab:
1) von der Unversehrtheit des vollen Korns bis zu dem Augenblick, in dem wir mit der Zubereitung der Speise beginnen.
2) von der Keimfähigkeit.

Wenn Sie Weizen oder andere Getreide in größeren Mengen kaufen, sollten Sie daher zunächst eine kleinere Menge kaufen und die Keimprobe machen, indem Sie einige Körner im Wechsel von 12 Stunden abwechselnd feucht und trocken halten und die Entwicklung des Keims beobachten. Voraussetzung für das Gelingen ist ein warmer Platz (etwa 20 Grad Wärme).

Dr. Renzenbrink sagt zum Weizen in „Zeitgemäße Getreideernährung" S. 51/52: „In Mitteleuropa trat der Weizen gegenüber anderen Getreidearten wie Hafer, Roggen, Gerste und Hirse bis in die neuere Zeit hinein zurück. Heutzutage wird er indessen wie in der Dekadenzzeit der Römer und Griechen in extremer Weise bevorzugt. In einer gewöhnlichen Bäckerei sind 95 % der Erzeugnisse raffinierte Weißmehlprodukte aus Weizen. Im Jahre 1800 wurden nur 5 % Weißmehl gegessen.

Schließlich finden bei der üblichen Lagerung des Weizens stets Insektizide Verwendung, wodurch ein ernstes Problem durch die toxische Wirkung dieser Stoffe auf den Menschen entsteht. Auf dem Weltgetreidekongress in Dresden wurde dieser bisher noch ungelöste Fragenkomplex mit großer Sorge erörtert. Der Weizen wirkt unter den Getreiden am meisten harmonisierend. Er gleicht aus und entlastet. Daher gibt man ihn gern als Diätikum bei Herz- und Kreislaufstörungen, zusammen mit Früchten. Auch gilt der Weizen wegen seiner leichten Verdaulichkeit als das bevorzugte Getreide für den geistig Arbeitenden."

Das Kollathfrühstück besteht aus Frischkornschrot, Wasser, Zitronensaft, Trockenfrüchten, frischem Obst und Nüssen, evtl. auch Milch oder Sauermilch. Diesem Frühstück schreibt Kollath außer der langanhaltenden Sättigung folgende Wirkungen zu:

1) Verschwinden von Müdigkeitserscheinungen und Heilung von Erschöpfungszuständen.
2) Heilung der Stuhlverstopfung. Geregelte Darmtätigkeit auch bei sitzender Lebensweise.
3) Steigerung der geistigen und körperlichen Leistungskraft, besonders bei Kindern und Älteren.
4) Wiedergewinnung von Spannkraft und Frische, seelische Ausgeglichenheit, allgemeines Wohlbefinden.
5) Heiterkeit und Zufriedenheit, kein Verlangen nach Genussmitteln mehr.
6) Zunahme der Konzentrationsfähigkeit.
7) Leichtere Bewältigung von übermäßigen Anstrengungen.
8) Förderung der Blutbildung, straffere und besser durchblutete Haut. Heilung von Ausschlägen, Ekzemen, Flechten und Furunkeln.
9) Haar wird voll und duftig, Verschwinden der Graufärbung möglich.
10) Bessere Nägel.
11) Gesunde Schwangerschaft und besonders gesunde Zahn- und Knochenanlage des Embryos.
12) Förderung der Milchbildung der Stillenden und damit gesundheitliche Vorteile für den Säugling.
13) Gesunde Entwicklung der Kinder ohne Kinderkrankheiten.
14) Schnellere Heilung bei Knochenbrüchen und Wunden.
15) Verhütung von Zivilisations- und Abnützungskrankheiten bzw. günstige Beeinflussung der Heilung (Herz- und Kreislaufschäden, Magen-Darm-, Gallen- und Leberbeschwerden, rheumatische Krankheiten, Drüsenstörungen, besonders Schilddrüsenerkrankungen, Nervosität, Störung des Blutdrucks).

Untersuchungen in einem Kinderheim ergaben innerhalb von 4 Wochen erhebliche gesundheitliche Besserungen. Ein asthmatisches Kind hatte schon nach dem 4. Tag keinen Anfall mehr.

An den Zähnen zeigt sich ein deutlicher Rückgang des Kariesbefalls, ein Nachlassen der Entkalkung und ein Aufhören der Entzündungsbereitschaft des Zahnfleisches. Besonders günstige Wirkungen ergaben sich bei schwangeren Frauen. Bei Fleckfieber und Typhus ergaben sich eine raschere Heilung und weniger Todesfälle.

Kollath schreibt dazu in „Die Ordnung unserer Nahrung" S. 206: „Die deutlichen Auswirkungen auf das Allgemeinbefinden, die günstige Beeinflussung der Verdauung, die bessere Widerstandskraft gegenüber so schweren Krankheiten wie Typhus und Fleckfieber, die nachgewiesene Wiederverkalkung von Zähnen, die bereits Entkalkungsherde aufweisen, das lange Sättigungsgefühl bei Verwendung von Frischkornschrotprodukten, erklärbar durch die lange Verweildauer im Magen – um nur einige besonders hervorstechende Befunde zu erwähnen – können meines Wissens mit anderen Lebensmitteln nicht erreicht werden, noch weniger mit einzelnen Vitaminen oder Vitaminkombinationen. Dabei ist zu erwähnen, dass unsererseits bisher hauptsächlich nur Versuche mit Weizen durchgeführt worden sind, die sinngemäß vervollständigt wurden durch die Benutzung von Hirse oder in einzelnen Fällen von Roggen. Von der Möglichkeit, die anderen Getreide wie Hafer, Gerste, Einkorn, Spelt usw. in gleicher Weise zu erproben, haben wir noch keinen Gebrauch gemacht."

Dass auch Hafer hervorragende gesundheitliche Wirkungen hat, haben wir schon gehört. Wir werden zu Kollaths Ausführungen noch kritisch Stellung nehmen.

Kleie hilft äußerlich angewandt gegen Ekzeme (Kleiebäder) und in Form von Umschlägen bei Entzündungen, Rheuma, Nervenschmerzen, Zahnweh.

Renzenbrink schreibt in „Die sieben Getreide" S. 57: „Man sagt, der Weizen sei das Getreide für den Geistesarbeiter. Das stimmt, aber auch den Gliedmaßen verleiht er Kraft. Freilich nicht in dem Maße wie der Hafer – doch schließlich hat der römische Legionär bei seiner Weizenkost fast die ganze damals bekannte Welt erobert und dabei gewaltige Marschleistungen vollbracht. Der lichtvolle Weizen ist geeignet, Anregungen für den Aufbau des Nervensystems zu vermitteln."

Die Gerste

Kollath schreibt dazu in „Die Ordnung unserer Nahrung" S. 153: „Die Gerste gehört zu den ältesten und allgemeinsten Kulturgütern. Die Wildformen vermutet man in den Felsen- und Steppenböden des Orients von Nordostafrika bis Transkaukasien und Kurdistan, in der Gegend des sagenhaften Paradieses. Im alten China gehörte sie zu den 5 heiligen Pflanzen, welche die Kaiser selbst aussäten. In Europa findet sie sich schon in der Alt- und Jungsteinzeit, besonders reichlich in der jüngeren Steinzeit. Im Ägypten der 5. Dynastie (2563 – 2423 v. Chr.) ist sie ebenfalls gefunden worden. Homer erwähnt sie als regelmäßige Kost bei Mahlzeiten in der Odyssee, neben dem Weizen gelegentlich auch Spelt. Jetzt ist sie über den ganzen Weltball ausgebreitet. Sie wächst und reift von allen Getreiden den Polen am nächsten noch unter dem 70. Breitengrad. In den Alpen wächst sie bis 2100 m Höhe, in Tibet bis auf 4400 m. Andererseits wird sie angebaut in der Sahara, bis Timbuktu, in Äthiopien und bis zum Äquator."

Renzenbrink schreibt in „Zeitgemäße Getreidenahrung" S. 22/23: „Die Gerste ist stark dem Licht zugewandt. Sie gedeiht vorzüglich in den lichtreichen, langen Tagen des Nordens und hat unter den Getreiden die kürzeste Vegetationszeit." „Bei der Gerste ist der ganze Mehlkörper stärker als bei anderen Getreiden mineralisch durchdrungen. Durch diesen Zusammenhang von Kohlenhydrat- und Kieselprozessen wirkt die Gerste besonders auf das Nerven-Sinnessystem des Menschen. ... Die heute weit verbreitete Bindegewebsschwäche mit Haltungsschäden und Bandscheibendegeneration kann gebessert oder verhütet werden, wenn die Kinder rechtzeitig Gerstengerichte bekommen. Durch die formende Kraft der Gerste werden auch die Lungen gestärkt. ... Dank ihrer Schleimbildung eignet sie sich vorzüglich zur Krankenkost und wirkt vom Darm bis in den Lungenbereich heilend. ... Man wird durch sorgsame Abstufung von Schleim, Flocken und gut ausgequollenem feinem Schrot dem Organismus das Maß an Verdauungskraft abverlangen, das er zu leisten vermag. Bei akuten fieberhaften Krankheiten ist das „Barley-water" aus England ein bewährtes Volksheilmittel. Es ist eine Abkochung aus Gerste, die im Rezeptteil beschrieben wird."

Der Roggen

Werner Kollath schreibt in „Die Ordnung unserer Nahrung" S. 154: „Er entspricht dem Hafer an Ausbreitung, wurde aber infolge seiner Eignung zur Brotherstellung das Hauptgetreide für das dunkle Brot der nordischen Völker. Den germanischen Stämmen war er schon mehrere Jahrhunderte vor Christus bekannt. Irgendwo im Osten ist er zuerst in Kultur genommen worden und gelangte frühestens in der Bronzezeit nach dem mittleren Europa; in Ägypten fehlt er. Als Stammgebiete kommen in Betracht Zentralasien sowie der nördliche Balkan. Um 600 nach Christus war Roggenbrot die Hauptnahrung im Volke. Er war Hauptfrucht der Winterfelder und wichtigste Brotfrucht."

Udo Renzenbrink schreibt in „Zeitgemäße Getreidenahrung" S. 41/42: „Die Hauptanbaugebiete des Roggens befinden sich im mittleren und östlichen Europa. Die Vegetationsperiode des Roggens beträgt 280 – 320 Tage; er ist winterhart und keimt von allen Getreiden bei der niedrigsten Temperatur. ...

An den Boden stellt er keine besonderen Ansprüche, verlangt nur einen gewissen Kieselgehalt. Das deutet auf seine Verbindung zu den Lichtkräften. Im Gegensatz zum Hafer verträgt er auch nicht viel Feuchtigkeit. Doch gedeiht er noch in Gebirgslagen bis zu 1500 m, in denen man Weizen längst nicht mehr antrifft.

Der Roggen fordert der menschlichen Verdauungstätigkeit einen intensiven Einsatz ab. Darum ist er auch so nahrhaft. Denn die Bedeutung der Ernährung liegt nicht nur in der Zufuhr von Brennwerten, Enzymen, sogenannten Vitaminen, sowie Substanzen, die zum Organaufbau Verwendung finden. Ernährung regt vielmehr ein inneres Kräftewirken an. Und je stärker diese Anregung ist, desto mehr Kräfte erwachsen dem Organismus. ... Auch der an sich nicht leicht verdauliche Roggen kann durch eine sachgemäße Zubereitung „leichter" werden. Dabei empfiehlt sich besonders das Darren, eine Wärmebehandlung, die im Rezeptteil beschrieben wird.

Bei der Krankenkost wird man ein gewisses übendes Element nicht vernachlässigen. In vielen Fällen wird eine mit Kräutern gewürzte Speise nicht nur gut vertragen, sondern auch geschmacklich einer Weizenspeise vorgezogen."

„Die sieben Getreide", S. 111/112: „Nun soll noch ein besonderes Merkmal hervorgehoben werden, das den Roggen vor allen anderen Getreidearten auszeichnet. Es ist die Beziehung zur Leber. Diese ist durch den hohen Kaliumgehalt des Roggens gegeben. Kalium ist eine Substanz, die eine günstige Wirkung auf die Leber ausübt. Darauf weist der Kinderarzt Wilhelm zur Linden in seinem grundlegenden Werk hin. Aber wiederum muss betont werden: Der Roggen ist in einer Weise zuzubereiten, die auch einer geschwächten Leber die Verdauung ermöglicht."

Der Dinkel

Dinkel verträgt keinen Kunstdünger, kann daher auch ohne biologischen Anbau empfehlenswert sein. Grünkern ist Dinkel, der vor der vollen Reife, in der Milchreife, geerntet und gedorrt, d. h. in einem langsamen Prozess bei 80 Grad geröstet wird. Ob dieses arbeitsaufwendige Verfahren heute noch so schonend durchgeführt wird, ist mir nicht bekannt. Dinkelbrot aus dem Bäckerladen ist meistens kein Vollkornbrot. Die Bäcker erhalten das Dinkelmehl ohne Typenbezeichnung.

Der Buchweizen

Der Buchweizen gehört botanisch zu den Knöterichgewächsen. Er stellt keine Ansprüche an den Boden und kann ohne Kunstdünger angebaut werden. Er wird nach der Ernte aus den Schalen gelöst, wobei – wie bei der Hirse – das Korn beschädigt wird. Buchweizen und Hirse sind daher nicht mehr keimfähig. Er ist stärker basisch als alle Getreidearten. Um Buchweizen schmackhaft zuzubereiten, bedarf es der Erfahrung im Umgang mit Gewürzen.

Zur Kritik:

Die einzelnen Getreidearten sind in ihrer Wirkung auf die Gesundheit teils eingehend untersucht, teils sind die Wirkungen der Getreidenahrung nicht so genau bekannt. Viele Wirkungen, die einer Getreideart zugeschrieben werden, können auch bei anderen Getreidearten mehr oder weniger ausgeprägt festgestellt werden. Das Kollathfrühstück, bestehend aus Getreide, Obst, Dörrobst und Nüssen, wird von Bruker „Frischkornbrei", von Schnitzer „Naturmüsli" genannt. Beide haben früher einen Zusatz von Milch empfohlen, tun dies jetzt aber nicht mehr. Schnitzer hält den Zusatz von Zitronensaft für wesentlich.

Die von Kollath beobachteten Wirkungen sind so allgemein, dass man sich fragt (und Kollath tut dies ja auch), ob diese Wirkung nicht auch durch andere Getreide entstehen könne. Darüber hinaus taucht die Frage auf, ob die gleiche Wirkung nicht vielleicht auch durch gekeimtes Getreide, Vollkornflocken, gedarrtes Getreide, gekochtes oder gebackenes Vollkorngetreide erreicht werden kann. Dazu ist folgendes zu sagen: Kollath verlor im letzten Krieg sein Haus und damit seine Getreidemühle und sein Getreide. Er wohnte eine Zeitlang im Hotel und fühlte sich bald schwächer werden. Es gelang ihm, eine alte Kaffeemühle als Getreidemühle zu organisieren und Ähren zu lesen. Die Herstellung des gewohnten Frühstücks war bald möglich, und er fühlte sich besser. Was aber wäre geschehen, wenn er kein rohes Getreide gegessen hätte, sondern gekeimtes und gedorrtes Getreide, Vollkornflocken, Vollkornbrot, Vollkornnudeln und Vollkornkuchen? Wir können es nicht beurteilen.

Seit Kollath nach dem 2. Weltkrieg seine Erfahrungen gemacht hat, sind die Menschen empfindlicher geworden. Waerland, der einen kranken Darm hatte, riet von der Kombination von rohem Obst und Getreide ab. Ich höre immer wieder, auch von jungen und gesunden Menschen, denen die Rohgetreide-Obstspeise nicht behagt.

Beim Dörrobst ist darauf zu achten, dass es gesondert vom Getreide lange genug eingeweicht wird. Am schönsten wird es nach 48 Stunden, darf aber nicht zu warm stehen, weil es sonst gärt. Uneingeweichtes Dörrobst ist schlecht für Zähne und Magen.

Wenn Bruker und Schnitzer dieses aus wertvollen Zutaten bestehende aber in der Zusammensetzung problematische Frühstück jedem sozusagen verschreiben, so muss ich das ablehnen als eine Theorie, die der Vielfalt des menschlichen Lebens nicht gerecht wird. Der Mensch ist ein Individuum, und es muss jeder versuchen, die ihm gemäße Nahrung herauszufinden. Dabei sollte er aber nicht einfach erklären, dieses oder jenes bekommt mir nicht, vielmehr sollte er die Kombinationsmöglichkeiten sorgfältig prüfen und, wie es auch Renzenbrink betont, seine Verdauungskräfte allmählich steigern, z. B. indem er den schwerverdaulichen Roggen erst feingemahlen als Brei oder Mischbrot (mit Weizen) oder in kleinsten Mengen als Frischkornschrot ausprobiert. Mit Salaten ist das rohe Getreide leichter verdaulich als mit Obst.

Beim Keimen des Getreides entsteht Vitamin C. Getreidekeime sind daher, vor allem im Winter, eine gute Ergänzung zu Salaten. Die Keime auf einem flachen Teller 12 Stunden feucht und 12 Stunden trocken zu halten, ist die einfachste Methode. Es bedarf dazu einer Raumtemperatur von ca. 20 Grad.

Da wir nicht genau wissen, welche Temperaturen bei der Herstellung von Getreideflocken erreicht werden, können wir keine genauen Angaben über ihren Wert machen. Man kann das Getreide selber darren und ist dann genau informiert über das Verfahren und weiß vielleicht auch, wo das Getreide herkommt und wie es angebaut wurde. Es kann Schwierigkeiten machen im Haushaltsherd, die gewünschte Temperatur von 80 Grad zu erreichen, weil die tatsächliche Temperatur oft nicht mit der eingestellten übereinstimmt. Es gibt Backofenthermometer.

Man kann aus Flocken und gedarrtem Getreide durch einen Aufguss mit kochendem Wasser (aufquellen lassen) gut verdauliche und durch entsprechendes Würzen und Beifügen von Öl oder gemahlenen Mandeln (oder anderen Nussfrüchten) oder Sojamehl schmackhafte Speisen zubereiten, deren Eiweißwert durch einen grünen oder gemischten Salat als Vorspeise noch verbessert wird.

Flocken und gedarrtes Getreide eignen sich gut zur Mitnahme bei Selbstversorgerreisen. Man kann das Getreide auch erst schroten und dann darren, man ist dann bei der Zubereitung mit kochendem Wasser noch rascher fertig. Aus Flocken kann man auch Kuchen und Gebäck herstellen, ohne sie zu erhitzen.

Die nächste Stufe der Getreidekochkunst ist das Kochen. Ich setze das Getreide immer kalt auf. Herr Fleischanderl schreibt mir dazu: „Wenn Vollkornmehl in kochendes Wasser eingerührt wird, kann die Phytase nicht mehr wirksam sein und bleibt die Affinität der PO4-Ionen zum Ca bestehen, das dann aus Zähnen und Knochen geholt wird. In ähnlicher Weise kann auch ein Zinkmangel durch Phytinsäure verursacht werden." Die Mineralien des Getreides können vom Menschen nur dann richtig ausgenutzt werden, wenn Getreide kalt aufgesetzt wird.

Die Bücher von Renzenbrink, Frau Hälsig und vom Arbeitskreis für Ernährungsforschung bringen vielseitige, gut erprobte Würzvorschläge. Man kann auch ohne Triebmittel backen, z. B. Fladen; auch von Pfarrer Kneipp gibt es ein Brotrezept ohne Triebmittel. Man kann Hefe nehmen und schließlich das von Hugo Erbe entwickelte Backferment. Wer das mit Backferment gebackene Brot kennt, zieht es jedem anderen Brot vor. Es ist schmackhaft und leicht verdaulich, und man kann nicht nur Roggen und Weizen verbacken, sondern alle Getreidearten.

In ihrem Buch „Die Verarbeitung des Getreides zu Brot und Gebäck" (vergriffen) erklärt Ada Pokorny, warum das mit Backferment gebackene Brot wertvoller ist: vielfältigere Bakterienkultur. Das Buch von Axel Meyer „Die Kunst des Backens" enthält die verschiedensten Backrezepte, auch mit Backferment. Das Buch ist handgeschrieben und sehr ansprechend gestaltet.

Bratlinge aus Getreidebreien oder Flocken sollten als Speisen mit erhitztem Fett nur ausnahmsweise auf unseren Tisch kommen. Eine gute Köchin versteht es, schmackhafte Gerichte mit Hilfe vielfältiger Gewürze zuzubereiten. Wir kaufen ja auch die schonend hergestellten Öle nicht, um sie in unserer Küche zu entwerten. Wer braten muss, um ein leckeres Essen herzustellen, stellt sich ein Armutszeugnis aus.

Gekaufte Nudeln sind ein Industrieprodukt, auch wenn es wirklich Vollkornnudeln sind, was oft nicht der Fall ist, auch wenn es drauf steht. Man sollte sie nur gelegentlich essen.

Auch ein Vollkornkuchen als Festtagsspeise kann sehr gut schmecken. Der ungebackene Haferflockenkuchen ist lecker, aber nicht leicht verdaulich.

Im Laufe der Geschichte haben überall dort, wo Getreide wächst, Menschen in blühender Gesundheit Kulturwerte geschaffen, solange sie das volle Korn zur Grundlage ihrer Ernährung machten. Die Abkehr vom Vollkorn brachte Degeneration und Verfall. Sehen Sie sich die Menschen heute an! Großeltern sind zwar abgeschafft, aber man sieht noch, dass sie etwas geleistet haben. Eltern sind weniger leistungsfähig, und Kinder haben schon auf der Schule Schwierigkeiten, das zu leisten, was von ihnen verlangt wird.

Was in einer Generation durch die Abkehr vom vollen Getreide an Gesundheit und Leistungsfähigkeit verloren geht, kann nur in Generationen wieder aufgebaut werden. Wir können die Sünden unserer Väter nicht wieder gutmachen. Die Menschen wissen nicht, was sie tun. Selbst in den Reformhäusern und Bio-Läden sind viele Produkte nicht nur aus Vollkorn. Wir können uns das heute nicht mehr leisten. Nur das volle Getreidekorn enthält den ganzen Reichtum an Mineralien, Spurenelementen, Vitaminen und Enzymen und die wertvollen Keimöle, wie Weizenkeimöl, Roggenkeimöl, Haferkeimöl, Gerstenkeimöl usw. Diese Öle werden rasch ranzig. Vollkornmehl und Vollkornschrot lassen sich daher nicht lange lagern. Bäcker und Müller finden es bequemer, mit Mehlen zu arbeiten, die sich lange lagern lassen. Sie ziehen aus Bequemlichkeit und weil ihnen das Wissen fehlt entwertete Mehle vor.

Wenn in Reformhäusern und Bio-Läden Brote, Nudeln und Gebäck mit einer Beimischung von 10 – 50 % Weißmehl verkauft werden, so wissen das die Verkäufer häufig gar nicht.

Mit Brot und Kuchen aus Auszugsmehlen kann man mehr verdienen. Als beim französischen Militär damit begonnen wurde, Brot aus nicht voll ausgemahlenem Getreide einzusetzen, waren die Zuständigen überrascht, wie viel mehr nun gegessen wurde.

Der Verkauf von Produkten, die nicht aus dem vollen Korn sind, steigert den Umsatz. Der Mehrverbrauch ist eine natürliche Erscheinung, denn unser Mineralstoffhunger zwingt uns, von mineralstoffarmen Getreideprodukten mehr zu essen, ohne dass wir dabei genug bekommen; einige Mineralien, Spurenelemente und Vitamine sind je nach Ausmahlungsgrad ganz oder fast ganz verschwunden. 1 kg Mehl Type 1700 – 1800 hat 17 – 18 Gramm Mineralstoffe, 1 kg Mehl Type 405 hat 4,05 Gramm Mineralstoffe. Das bezieht sich auf frisch gemahlenes Mehl.

Die Italiener konsumieren Mehl Type 00, d. h. ein Mehl ganz ohne Mineralstoffe und Spurenelemente. Unser Körper hat Schwierigkeiten, mit den größeren Nahrungsmengen fertig zu werden. Besonders tragisch die Situation der Mütter, die im Mangelzustand leben und während der Schwangerschaft noch Mineralien zum Aufbau des Kindes abgeben müssen.

Magen- und Darmbeschwerden, Verstopfung und Übergewicht sind die ersten Folgen der Abkehr vom Getreidevollkorn, später kann es zu Anfälligkeit für TBC (die TBC nimmt wieder zu), zu Beckenverengungen, Zahnfehlstellungen und vielen anderen Zivilisationskrankheiten kommen.

Die Abfälle der Müllereiwirtschaft ergeben ein wertvolles Tierfutter oder, weiterverarbeitet, Kleie und Weizenkeime, die zu hohen Preisen in den Reformhäusern verkauft werden. Kleie wurde noch 1972 in den Reformhäusern kaum gefragt.

Plötzlich kamen Leute ins Reformhaus, die dort noch nie gesehen wurden und verlangten Kleie. Es ergab sich folgendes: Im Fernsehen, „Gesundheitsmagazin Praxis", war eine Sendung gekommen, in der Kleie gegen Verstopfung empfohlen wurde. Nun kamen immer mehr Sorten Kleie auf den Markt. Die Reformwarenwirtschaft war nicht müßig. Heute gibt es sogar Kleietabletten, deren Wirkung bezweifelt wird. Einfacher und billiger wäre es, Vollkornbrot zu essen. Wer sich mit Getreideprodukten aus dem vollen Korn, Salaten, Gemüse, Obst, Nüssen und evtl. noch Milchprodukten ernährt, kennt keine Verdauungsschwierigkeiten, es sei denn, sie seien psychisch verursacht. Es ist nicht möglich, gesund zu leben, indem man Produkte aus nicht voll ausgemahlenem Getreide und zusätzlich Kleie und Keime isst. Das kostet viel Geld und hilft nur begrenzt.

Es kann sogar gefährlich sein, Weizenkeimölprodukte mit hohem Gehalt am Fruchtbarkeitsvitamin E zu konsumieren. Bei Frauen kann eine verstärkte oder verfrühte Periode die Folge sein. Das ganze ist mehr als die Summe der (veränderten) Teile.

Der Luftsauerstoff greift jedes nicht mehr vollständige Korn an. Das Getreide und die anderen Samenfrüchte sind unsere natürlichen Konserven. Die Konserve Getreide öffnen wir mit der Getreidemühle, immer dann, wenn wir das Mehl brauchen. Ich betrachte es als eine Sünde, Demetermehl Type 550 und 1050 herzustellen. Warum müssen aus dem wertvollen Demetergetreide, von gebildeten Bauern mit Liebe angepflanzt, solche denaturierten Produkte hergestellt werden?

Wie ist es um uns bestellt, wenn selbst im Reformhaus die meisten Kunden entwertete Produkte verlangen? Man kann aus Mehl Type 1700 bzw. 1800, d. h. aus dem vollen Korn, die besten Brote und herrliche Torten backen. Den vollen Wert haben sie nur, wenn wir das Korn kaufen und das Mehl mit der Haushaltsmühle selber herstellen.

Viele Bioläden führen eine Auswahl an Getreidemühlen und beraten gut. Wer ein Auto hat, kann seinen Jahresbedarf an Getreide im Herbst beim Bauern besorgen. Der Gesundheitszustand der bäuerlichen Familie kann dabei für den Wert des von ihnen biologisch angebauten Getreides ein Beweis sein. Ein Problem ist die Reinigung des Getreides. Steinchen könnten unserer Getreidemühle oder unseren Zähnen gefährlich werden.

Die Ernährung wird mit Hilfe der Getreidemühle wesentlich billiger, und die Hausfrau, die Brot und Kuchen bäckt, hat es beim Einkaufen leichter, wenn der Getreidebedarf einmal im Jahr gedeckt wird.

Jeder, der dieses Wissen hat, hat auch die Pflicht, anderen zu helfen und sie aufzuklären. Immer mehr Zeitschriften interessieren sich für Umweltprobleme und werden für den biologischen Anbau und eine gesundheitsfördernde Verarbeitung ansprechbar.

Jeder sollte darüber nachdenken, wie er dazu beitragen kann, das unübersehbare Leid der Mitmenschen zu mildern. Wir können nicht allen Menschen helfen, mit dem schwierigen Leben fertig zu werden, aber könnten wir nicht vielen helfen, durch eine gesunde Kost die Grundlagen für eine stabilere Gesundheit zu legen, die es ihnen ermöglicht, schwierige Situationen besser zu meistern?

Es mehren sich die Stimmen der Warner, die sagen: „Die Menschen essen zu viel Getreide". Dazu gehört Herta Hafer, welche die Gefahr erkannt hat, die für viele Jugendliche besteht, wenn sie phosphatreiche Nahrung essen, wobei die künstlich zugesetzten Phosphate das größte Übel sind. Dazu gehört der indische Heilpraktiker Ravi Roy aus München, der nach Tschernobyl eine lesenswerte Broschüre geschrieben hat. Dazu gehört Frau Hendrika Fuhrer, die vor zu viel Getreide als Ursache einer Übersäuerung warnt. Dazu gehört auch Walter Sommer, der mit 35 Jahren Rohköstler wurde und dann noch 63 Jahre ohne Getreide gelebt und gearbeitet hat.

Auch die 12 Jahre lang dauernde Forschungsreise des amerikanischen Zahnarztes Price hat deutlich gezeigt, dass es keine Nahrung gibt, die jeder essen muss, um gesund zu bleiben, sondern dass es darauf ankommt, das, was zur Verfügung steht, so natürlich wie möglich zu essen. Extremstes Beispiel die Eskimofrau, die 20 Kinder zur Welt gebracht hat und noch gesund ist, weil sie die getrockneten Lachse roh isst, während ihre Kinder, die sich „modern" ernähren, nicht gesund sind.

Seien wir dankbar, dass wir als Mitteleuropäer dort, wo wir leben, einen Reichtum an Nahrung vorfinden, der nicht unbedingt weiterer Importe bedarf, und versuchen wir zu lernen, was Kollath mit den Worten „so natürlich wie möglich" gemeint hat.

Inzwischen sind in den Gesundheitszeitschriften immer wieder Aufsätze über den Dinkel erschienen, den schon Hildegard von Bingen als sehr wertvoll, besonders als Heilkost für Kranke erkannt hat. Dadurch sollten wir uns nicht verleiten lassen, nur noch Dinkel zu essen, sondern darauf achten, alle Getreidesorten in unseren Speiseplan einzubeziehen, wobei wir jedoch je nach Konstitution und Neigung durchaus einem Getreide den Vorzug geben dürfen.

Die Mitte

Um Nichtiges kreisen
gar viele Gedanken.
Verzehren sich Menschen
in eifrigem Tun.

Viel Schwall um mein Nichts nur
reißt fort aus der Mitte,
in der doch alleine
sie könnten gut ruhn.

Edeline Löwe

„Gesundheit ist weniger ein Zustand als eine Haltung,
und sie gedeiht mit der Freude am Leben."

Thomas von Aquin (1224-1274)

Ernährung I

Die Grundlagen der Ernährung

Es gibt Kinder, Erwachsene, Junge, Alte, Gesunde, Kranke, Dicke, Dünne, Lebhafte, Langsame, Menschen mit leichtem Knochenbau und solche mit schwerem Knochenbau, Geistesarbeiter, Handarbeiter, Optimisten, Pessimisten, Fleischesser, Vegetarier usw. Alle diese Unterschiede können bei der Ernährung eine Rolle spielen. Jede Ernährungstheorie ist gefährlich, weil sie ihre Anhänger leicht zu Fanatikern werden lässt.

Heute wollen wir uns nur mit dem befassen, was für alle gilt. Der Hygieniker Professor Werner Kollath hat ein Buch geschrieben, „Die Ordnung unserer Nahrung". Da schreibt er: „Lasst das Natürliche so natürlich wie möglich sein!" Was heißt das? Eine gelbe Rübe (Möhre) als Ganzes ist vollkommen natürlich, gerieben ist sie physikalisch verändert und dadurch dem Angriff des Luftsauerstoffes ausgesetzt, muss also nun gleich verzehrt werden, gekocht ist sie auch chemisch verändert. Das Natürlichste ist also, die Möhre so aus der Hand zu essen, was natürlich lebende Menschen mit guten Zähnen und gesunden Verdauungsorganen auch mit Vergnügen tun. Ein anderes Beispiel: Das Getreide können wir, so wie es ist, kaum mit unseren Zähnen zerkleinern. Doch haben Versuche von Professor Kollath ergeben, dass 40 – 60 Gramm rohes Getreide täglich von außerordentlich günstiger Wirkung sein können. Wir können es schroten, einweichen und dann essen, ohne dass etwas davon weggenommen oder chemisch verändert wurde. Das heißt nun nicht, dass wir keine gekochten Möhren, kein Brot und keine Getreidebreie essen sollen. Wir müssen aber um den Rang der Lebensmittel wissen und sollten von allem, was man roh essen kann, wenigstens kleine

Mengen auch in rohem Zustand essen. Alles, was man roh gut essen kann, sollte man mit Vorliebe auch roh essen, z. B. Obst, Nüsse, Milch, Salate und viele Gemüsesorten. Wir müssen wissen, dass durch die Behandlung der Lebensmittel Werte verloren gehen. Denken wir einmal an die Milch: In manchen Städten gibt es nur erhitzte Milch. Die Leute vom Milchhof sagen: wenn wir Vorzugsmilch liefern würden, dann würde die Milch zu teuer. Hier liegt ein Irrtum vor. Entscheidend für den Wert eines Nahrungsmittels ist nicht die Kalorienzahl, sondern der tatsächliche Wert. Beim Erhitzen geht z. B. ein Teil der Vitamine verloren, auch ist das erhitzte Eiweiß weniger wertvoll. So gesehen entspricht ein Viertel Liter roher Milch einem halben Liter erhitzter und ist nun nicht mehr teuer. Können wir uns mit wertvollen Lebensmitteln ernähren, so braucht die Hausfrau bedeutend weniger nach Hause zu tragen, weil wir mit weniger auskommen, und wir sparen wertvolle Kräfte, weil Verdauung und Kreislauf weniger in Anspruch genommen werden. Ein anderes Beispiel hierfür sind die mit Kunstdünger rasch zum Wachsen gebrachten Lebensmittel, z. B. Kartoffeln, Obst und Gemüse. Sie enthalten weniger Mineralien und Spurenelemente als die natürlich gewachsenen und daher kleiner gebliebenen. Wir sparen also auch dann, wenn wir für die biologischen Möhren mehr zahlen. Besonders schlimm ist die Situation beim Brot. Vor der industriellen Revolution, also vor etwas mehr als 200 Jahren, gab es fast nur Vollkornbrot, und das konnte nur aus frischem Mehl hergestellt werden. Das volle Getreide enthält nämlich die wertvollen Getreidekeimöle, die beim Lagern ranzig werden. Nachdem es gelungen war, die Keime beim Mahlen zu entfernen, ergab sich ein lagerfähiges Mehl, und Müller und Bäcker fanden es praktischer, nun ein mehr oder weniger weißes Brot zu verkaufen. Doch enthält dieses Brot nur einen geringen Teil der im Getreide ursprünglich vorhandenen Mineralien und Spurenelemente. Vollkornmehl hat die Typenbezeichnung 1700 -1800. Das heißt, in 1000 Gramm Mehl sind 17 bis 18 Gramm Mineralien. Das weiße Haushaltsmehl beim Bäcker hat die Typenbezeichnung 405, enthält also nur weniger als 1/4 dieser wichtigen Stoffe. Als bei der französischen Wehrmacht das Weißbrot eingeführt wurde, waren die zuständigen Stellen überrascht, dass nun der Brotkonsum ganz erheblich stieg. Wer Brot isst, das kein Vollkornbrot ist, wird zum Vielesser, ohne dass damit die Gewähr gegeben ist, dass er alle lebenswichtigen Stoffe aus dem Getreide erhält. Die Folge ist ein Mineralstoffmangel, der heute schon für Kinder ein normaler Zustand ist. Andere Folgen der mangelnden Werte des vollen Korns sind die Scheuermann'sche Krankheit (Wachstumstörung der Wirbelsäule), Bandscheibenschäden, Verengung der Kiefer und dadurch bedingt Anomalien in der Zahnstellung, Verengung des Brustkorbes und wieder Zunehmen der Tbc, Verengung des Beckens und dadurch Schwierigkeiten bei Geburten. Außerdem ist das Fruchtbarkeitsvitamin E stark reduziert. Der Zusammenhang zwischen ungewollt kinderlosen Ehen und dem Brot ist bekannt, aber es geschieht nichts. Das Schlimme ist, dass die Folgen der falschen Ernährung sich erst nach 20 – 30 Jahren bemerkbar machen und zu Degenerationserscheinungen führen. Das heißt, wir können die Sünden unserer Väter nicht wieder gut machen. Was in Generationen entstanden ist, ist auch nur in Generationen zu ändern.

Wenn wir über das soeben Gelesene nachdenken, wird uns auch klar, warum es so viele Menschen gibt, die zu dick sind. Lebensmittel, arm an Mineralien, Spurenelementen und Vitaminen, veranlassen uns, viel zu essen, um damit doch auf unsere Kosten zu kommen. Unser Körper kann aber nicht alles verwerten, er muss es speichern, und wir werden dick.

Alle Dicken leiden an einem unechten Hunger. Hier wird klar ersichtlich, wie gefährlich Diäten sind, die durch einseitige Kost häufig zu einem noch schlimmeren Mangelzustand führen. Es wird zwar abgenommen, und es können auch Beschwerden, die mit dem Übergewicht zusammenhängen, verschwinden, dafür zeigen sich aber, als Folge eines labilen Zustandes, neue Krankheiten, wobei diese sich ganz allmählich entwickeln können, so dass der Zusammenhang nur dem Erfahrenen einsichtig ist. Außerdem wird meistens das alte Gewicht früher oder später wieder erreicht. Eine Gewichtsreduzierung auf die Dauer ist nur bei einer Kostumstellung möglich, es sei denn, ein Mensch bringt es fertig, dauernd zu hungern. Wer abnehmen will, braucht sich nur um eine natürliche, vollwertige Kost zu bemühen. Dazu braucht man nichts über Kalorien zu wissen. Wer trotzdem nicht abnimmt, ist krank.

Die Rohkost wird vom Körper rascher verdaut als die gekochte. Man kann das Rohe als Schnellzug und das Gekochte als Bummelzug bezeichnen. Also gehört Rohkost an den Anfang der Mahlzeit. Nicht alle sind der gleichen Ansicht. Hildegard von Bingen soll die Rohkost zum Schluss gegessen haben. Nach einer Mahlzeit ohne Rohkost steigt der Anteil der weißen Blutkörperchen. Man spricht von einer Verdauungsleukozytose. Um dies zu verhindern, genügt schon ein Rohkostanteil von nur 10 %.

Unsere Ernährung soll gleichzeitig einfach und reichhaltig sein. Was heißt das? Wir können unseren Körper mit einer chemischen Fabrik vergleichen. Zu jeder Speise muss der Magen entsprechende Verdauungssäfte produzieren. Wenn wir bei einer Mahlzeit wenig Verschiedenes essen, erleichtern wir unserem Körper die Arbeit und sind nach dem Essen gleich wieder arbeitsfähig. Die Vielfalt und Reichhaltigkeit der Ernährung entsteht im Wechsel der Mahlzeiten und Tage. Obst kann der Körper nur ausnutzen, wenn er genügend Bewegung hat. Es gehört daher an den Tagesanfang, es sei denn, man hat den ganzen Tag Bewegung. Obst und Süßspeisen sind als „Nachtisch" nicht geeignet. Kindern kann man eine Süßspeise als Zwischenmahlzeit oder auch mal als Hauptspeise geben (aber nicht ohne Rohkost). Wir wollen nun versuchen, einige Richtlinien zu geben:

Iss zu jeder Mahlzeit Rohkost, morgens Obst, mittags und abends Salate und Gemüserohkost! Denke dabei immer an den Satz von Kollath: „Lasst die Nahrung so natürlich wie möglich". Iss keinen industriell hergestellten Zucker, das Unnatürlichste, was es gibt (Kalk- und Vitamin B – Räuber)! Iss nur Vollkornprodukte, auch Kuchen und Gebäck kann man sehr gut aus Vollkornmehl herstellen! Nimm zum Süßen frisches, süßes Obst, Dörrobst, Honig, Melasse oder Rübensirup! Vermeide Genussgifte aller Art, Kaffee, Kakao, Tee, Alkohol, Tabak usw.! Auch Zucker ist ein Genussgift. Iss mit Vorliebe die Produkte der Jahreszeit und das, was da wächst, wo du wohnst, im Umkreis von 50 km! Als Getränke sind Kräutertees empfehlenswert, studiere sie, es gibt sehr gut schmeckende. Falls du Milch trinkst, bemühe dich um unerhitzte Milch und hochwertige Sauermilchprodukte. Meide Wurst, sie enthält einen hohen Prozentsatz tierischer Fette, die für den Menschen ungeeignet sind. Wenn du meinst, Fleisch essen zu müssen, so wisse, dass gemästete Tiere kranke Tiere sind, so wie dicke Menschen kranke Menschen sind. Wenn du glaubst, Eier zu brauchen, dann wisse, dass ein Ei nur frisch ist, wenn es weniger als 6 Stunden alt ist, weil sich danach Bakterien entwickeln können, die unserer Darmflora schaden. Verwende kaltgeschlagene Öle mit ihrem hohen Anteil an essentiellen Fettsäuren! Es gibt sie in jedem besseren Lebensmittelgeschäft, man muss nur danach fragen. Wisse, dass man Dinkel, Weizen, Gerste, Hafer, Roggen, Buchweizen, Hirse und Mais ebenso gut verwenden kann wie Reis, wobei einheimische Getreidesorten dem Reis vorzuziehen sind (Reis kühlt). Wenn man bedenkt, dass auch Vollkornreis vor dem Kochen eingeweicht werden sollte, ist die Zubereitung im Prinzip dieselbe. Die Einweichzeit beträgt 1 – 8 Stunden.

Getreide, ganz oder geschrotet, muss immer kalt aufgesetzt werden. Sonst ergeben sich chemische Prozesse, die dazu führen, dass Kalk aus Knochen und Zähnen geholt wird. Die Kochzeiten sind unterschiedlich. Man kann kurz kochen und in Thermosgerät oder Kochkiste nachgaren lassen. Ganze Gewürzkörner und gerebelte Gewürze werden mitgekocht, gemahlene Gewürze zum Schluss dazugegeben. Fett geben wir immer zum Schluss, damit es nicht erhitzt wird und alle Werte der kaltgeschlagenen Öle erhalten bleiben. Bereite auch Süßspeisen aus dem vollen Korn und süße z. B. mit Honig oder am Tage vorher eingeweichtem süßem Dörrobst. Es wird nach dem Kochen zugegeben.

Um die Kochzeiten zu reduzieren, kann man das Getreide schroten. Getreide kann, ganz oder geschrotet, in kleinen Mengen, 40 – 60 Gramm täglich, roh gegessen werden, wenn es vertragen wird. Es wird nach dem Einweichen (1 – 8 Stunden) den fertigen Gerichten, Suppen, Soßen und Salaten, beigegeben. Bircher-Benner, Kollath, Bruker, Schnitzer und andere empfehlen im „Müsli" bzw. „Kollath-Frühstück" eine Kombination von frischem Getreide mit Obst, dazu Nüsse, evtl. Sahne oder auch nur mit Milch. Wem die Kombination von Obst und Getreide nicht bekommt, der wähle eine der oben angegebenen anderen Möglichkeiten, rohes Getreide zu essen. Wer etwas Warmes wünscht, kann das morgens geschrotete Getreide im Wasserbad bei nicht mehr als 40 Grad ausquellen lassen und dann weitere Zutaten beifügen. Schon Kollath hat gewusst, dass Nüsse die gleichen wichtigen Stoffe enthalten wie das rohe Getreidekorn. Er hat aber, weil Nüsse teuer sind, das Getreide in den Vordergrund gestellt. Das war richtig. Wir müssen aber heute auf Grund der Welternährungslage vom Fleisch wegkommen und daher den Nüssen als wertvollen Eiweißspendern eine neue Bedeutung in unserer Ernährung geben. Das in den USA verfütterte Getreide würde ausreichen, um den Welthunger zu stillen. In Südamerika werden Fische gefangen und zu Fischmehl verarbeitet, um US-Kühe zu füttern, deren Milch dann als Milchpulver zurück nach Südamerika kommt, um dort hungernde Kinder zu ernähren. Aus Indien werden Sojabohnen nach den USA exportiert, um dann mit Sojamehl Rinder zu füttern, deren Milch dann wieder als Milchpulver hungernde indische Kinder ernährt. Sojabohnen und Trockenfleisch sind natürliche Nahrungsmittel, Milchpulver ist erhitzt, ein Industrieprodukt. Durch das Erhitzen der Milch, wie es auch in der Molkerei geschieht, werden die Enzyme, hochkomplizierte Eiweißverbindungen, zerstört. Ihre Funktion ist es, bei Verdauungsvorgängen zu helfen und Vitamine, Mineralien und Spurenelemente richtig auszunutzen.

Auf die Frage: Essen Sie Vollkornbrot?, bekommt man oft zur Antwort: Ja. Will man Genaueres wissen, dann stellt sich heraus, dass sogenanntes „Graubrot" gemeint ist. Wenn ich Roggenmehl verbacke, wird das Brot etwas dunkler. Weizenbrot wird daher „Weißbrot" genannt, Mischbrot „Graubrot" und Roggenbrot „Schwarzbrot". Damit ist nichts über den Ausmahlungsgrad gesagt. Vollkornbrot ist Brot aus dem vollen Getreidekorn, wobei man allerdings noch unterscheiden muss zwischen echtem 100 % Vollkornbrot und solchem, bei dem doch noch ein Teil des Korns entfernt wurde. Die Farbe von Weizen- und Roggenvollkornbrot ist fast dieselbe. Den Unterschied kann man im Zweifel durch das Gewicht feststellen, weil man Roggen nicht so locker verbacken kann. Dann wieder gibt es Menschen, die denken bei Vollkornbrot an das so genannte rheinische Vollkornbrot bzw. an ein Brot, bei dem man noch ganze Körner sehen kann. Der Begriff Vollkorn bezieht sich aber nicht auf den Zustand des Korns, Vollkornmehl kann grob oder fein sein, je nach Einstellung der Mühle. Entscheidend ist, dass alles, was ich an Körnern oben reinschütte, auch als Mehl wieder rauskommt ohne Aussonderung der Kleie. Viele, die kein Vollkornbrot essen, kaufen Kleie zu hohem Preis, um ihre Verdauung in Ordnung zu bringen. Das hat der Vollkornbrotesser nicht nötig. Viele Menschen vertragen kein grobes Vollkornbrot. Vollkornbrot aus feingemahlenem Mehl dagegen verträgt fast jeder.

Auch beim Vollkornbrot zeigt sich die Überlegenheit des Reformhauses gegenüber dem Bäcker. Während es z. B. in Freiburg nur wenige Bäcker gibt, die eine eigene Getreidemühle besitzen, haben alle Lieferfirmen der Reformhäuser und Bioläden eigene Mühlen, bieten also ein Brot an, das noch alle Werte enthält, während bei den Bäckerbroten ein Teil der Werte beim Lagern des Mehls verloren geht. Außerdem hat man hier die Gewähr für wirkliches Vollkorn und eine gewisse Freiheit von Schadstoffen, weil die Firmen entweder biologisches Getreide verwenden oder das Getreide wenigstens auf Schadstoffe überprüfen lassen. Heute werden allerdings in den Reformhäusern immer mehr Brote angeboten, die nicht Vollkornbrote sind. Wir haben schon erwähnt, dass Nüsse die gleichen wertvollen, zum Teil noch unerforschten Stoffe wie die Getreidekörner enthalten. Iss daher regelmäßig Nüsse, am besten unmittelbar vor der Mahlzeit gemahlen. Zu Obst, Salaten und Gemüse-Rohkost bringen sie, reich an wertvollem Eiweiß, Vitaminen, essentiellen Fettsäuren, Mineralien, Spurenelementen und Fermenten, eine wesentliche Bereicherung unserer Nahrung.

Keine Angst vor Kalorien! Wir lassen dafür andere Fette fort und verwenden Nüsse statt Öl oder Sahne. Wie gut schmeckt z. B. ein Salat aus geriebenen Möhren und Walnüssen mit ein wenig Sternanis gewürzt.

Informieren Sie sich über Getreidemühlen. Sie führen zu einer außerordentlichen Bereicherung des Speiseplanes, zu einer Aufwertung der Kost und zu einer wesentlichen Senkung der Ernährungskosten. Auch die teuerste Getreidemühle wird sich in einer größeren Familie spätestens in 2 – 3 Jahren amortisiert haben, und die Kosteneinsparung ist dann erheblich.

Das Grundwissen der Ernährung kann man praktisch nur realisieren, wenn man intensiv arbeitet. Eine gute Hilfe sind folgende Bücher: Albert von Haller, „Die Küche unterm Mikroskop, Forscher ergründen Macht und Geheimnis der Nahrung", lesbar ab 16 Jahren. Sehr gut sind folgende Bücher: Dr.med. O.Bruker: „Schicksal aus der Küche" und Prof. Dr. W.Kollath: „Mensch und Getreide, eine Lebensgemeinschaft". Weiteres auf der Bücherliste am Schluss.

Bitte versuchen Sie das Kochen als eine außerordentlich interessante und für die Gesundheit der Familie entscheidende Tätigkeit aufzufassen. Wer als Frau nicht bereit ist, mit Lust und Liebe zu kochen, sollte lieber keine Familie gründen.

Ernährung II

Gibt es eine Ernährung, die anderen überlegen ist?

Aus: Albert von Haller „Die Küche unterm Mikroskop", S. 208

„Goethe hat das Abendessen einer kinderreichen bürgerlichen Familie in seinem „Werther" unvergesslich beschrieben. „In dem Vorsaal wimmelten sechs Kinder, von elf zu zwei Jahren um ein Mädchen von schöner Gestalt, mittlerer Größe. Sie hielt ein schwarzes Brot und schnitt ihren Kleinen rings herum jedem ein Stück nach Proportion ihres Alters und Appetits ab, gab's jedem mit solcher Freundlichkeit, und jedes rief so ungekünstelt sein: Danke! indem es mit den kleinen Händchen lange in die Höhe gereicht hatte, ehe es noch abgeschnitten war, und nun mit seinem Abendbrot vergnügt entweder wegsprang, oder nach seinem stilleren Charakter gelassen davon ging, nach dem Hoftor zu, um die Fremden und die Kutschen zu sehen."

Hundert Jahre später ist solch eine Szene unmöglich. Auch den sozial am schlechtesten gestellten Familien genügt ein solches Mahl nicht mehr."

Vor dem letzten Krieg war die Ernährung nicht gerade Wohlhabender in Deutschland einfach. Die Landbevölkerung im Schwarzwald z. B. aß vor allem Mehlsuppe, Kartoffeln, Milch, Obst und Gemüse aus eigenem Anbau, ergänzt durch Wildfrüchte. Fleisch gab es nur sonntags und auch nicht immer, Speck nur bei schwerer Arbeit. Holzarbeiter mit eigener Kuh z. B. bekamen im Winter keine Arbeitslosenunterstützung, und im Frühjahr war kein Geld mehr im Haus, und es wurde nicht nur bescheiden, sondern knapp gegessen. Milch, Butter und Eier wurden als Quelle des Bargelds angesehen, und statt der eigenen Butter aß man Margarine. Jeder ältere Mensch wird sich besinnen können, dass früher bescheidener gegessen wurde. Erst die Hungerzeit in und nach dem 2. Weltkrieg führte zur Fresswelle und das Wirtschaftswunder zur Luxusernährung mit ihren üblen Folgen.

„Die großen Entdeckungen der modernen Ernährungswissenschaft sind in den Laboratorien der Biochemiker und bei Fütterungsversuchen mit Tieren gemacht worden. Es hat lange gedauert, bis man die schädigende Wirkung einer üppigen, aber biologisch minderwertigen Nahrung auf den Menschen exakt nachweisen konnte. Der Arzt, der vor einem bestimmten Krankheitsfall steht und einen Menschen zu heilen hat, kann nicht warten, bis die Wissenschaft alles ergründet und nachgewiesen hat. Vor einer solchen Aufgabe steht ein junger Arzt in einem Arbeiterwohnbezirk Zürichs im Sommer 1895. Er ist zu einer magenkranken Frau gerufen worden, deren chronisches Leiden schon von mehreren Ärzten erfolglos behandelt worden ist. Es ist die Zeit, in der Ärzte und Laien das wahrhaft Nährende im Fleisch sehen und das feinste Weißbrot für das Bekömmlichste halten. Die Krankendiät besteht aus den am stärksten denaturierten Gerichten. Doch bei aller Sorgfalt seiner Diätvorschriften erzielt der Arzt keine Besserung bei seiner Patientin. Die Frau wird zusehends schwächer, es scheint ein hoffnungsloser Fall zu sein. Aber für den Arzt ist es nicht nur ein Fall, sondern ein leidender, ihm anvertrauter Mensch. Er ist so beunruhigt, dass er nicht nur in seinen Lehrbüchern Rat sucht. Von einem Laien hört er von der Heilwirkung von rohem Obst und Gemüse. Der Arzt ist ein Schüler von Max Rubner in Berlin, und wenn er an die Thesen des berühmten Lehrers denkt, erscheint ihm der erhaltene Hinweis besonders sinnlos. Kommt es nicht allein auf den Gehalt der Nahrung an Eiweiß, Fett und Kohlenhydraten an, und im Krankheitsfall, wie hier, auf Leichtverdaulichkeit? Und sind rohe Lebensmittel nicht am schwersten verdaulich? Und doch wagt der junge Arzt den Versuch, nicht ohne die Kranke in seine Zweifel einzuweihen. Zum Erstaunen von Arzt und Patientin tritt als Folge der rohen Kost bald ein Umschwung zum Besseren ein. Die Kur wird beibehalten, und die Frau wird gesund und kann noch jahrzehntelang ein tätiges Leben als Mutter und Hausfrau führen."

„Ich war erstaunt und – niedergeschmettert", schreibt Dr. Max Bircher-Benner, denn um ihn handelt es sich, zu diesem Fall. „Der Vegetarier hatte gesiegt, hatte dem Arzt eine Lektion erteilt. Aus der ganzen Ernährungswissenschaft von 1895 war mir nicht eine einzige Tatsache bekannt, die diese Rohnahrungswirkung und der Unterschied von meiner Magendiät zu erklären vermochte. Ich hatte sofortige Verschlechterung des Zustandes für wahrscheinlich gehalten. Entgegen meinem Denken und Wissen wurde die Kranke besser."

Für manchen anderen wäre diese Heilung eine unaufgeklärte Episode geblieben. Bircher-Benner aber ahnte etwas grundsätzlich Neues und suchte der hier wirksam gewesenen Kraft auf die Spur zu kommen. Um einen Fall von Suggestion konnte es sich nicht handeln, denn weder Arzt noch Patientin waren vom Erfolg überzeugt gewesen. Auch der Wegfall der üblichen Fleischportion und die Gemüsekost an sich waren keine befriedigenden Erklärungen. Es blieb nur zu vermuten, dass die Heilkraft von Obst und Gemüse im Zustand ihres Rohseins steckte. Hier setzten Bircher-Benners Versuche und Beobachtungen ein, zunächst an sich selbst und Angehörigen seiner Familie, dann bei bereitwilligen Patienten seiner neugegründeten Klinik.

Diese Entstehungsgeschichte der Lehre Bircher-Benners vom einzigartigen Gesundheitswert der Rohkost ist aufschlussreich, weil sie zeigt, dass er nicht von einer vorgefassten Meinung ausgegangen ist, sondern dass er sich durch Tatsachen belehren ließ. Auf Grund seiner Beobachtungen hat er dann eine Theorie von den Rangstufen der Nahrungsmittel entwickelt. Da alles Leben letztlich auf die Wirkung des Sonnenlichts, auf die grünen Pflanzen zurückgeht, sah er in Blättern, Früchten, Knollen und Wurzeln die höchsten Energieformen, die durch jede Veränderung – Welken, Erhitzen, Gären – eine Entwertung erfahren.

„Fleisch aller Art aber hatte eine doppelte Entwertung erlitten, einmal dadurch, dass bei seiner Entstehung das Tier die zugeführten Energieordnungen für sein eigenes Leben weitgehend verbraucht hatte, und sodann dadurch, dass es in der Regel auch noch eine beträchtliche Erhitzung vor dem Genuss durchmachte" (Dr. Ralph Bircher). – Als Bircher-Benner seine Theorie von der Rangordnung der Lebensmittel vor der Zürcher Ärztegesellschaft vortrug (1900), wurde ihm das Urteil gesprochen. „Herr Bircher hat die Grenzen der Wissenschaft verlassen!", erklärte der Präsident der Versammlung. Damit war Bircher-Benner zum Außenseiter gestempelt, von dem die Wissenschaft keine Notiz nahm. Seine Ernährungstheorie ist auch später nicht allgemein anerkannt worden, aber seine unbestreitbaren Heilerfolge brachten ihm viele Nachfolger und Nachahmer ein. Heute, hundert Jahre später, lassen die inzwischen erreichten Fortschritte der Wissenschaft vieles exakt erklären, was Bircher-Benner nur feststellen konnte und durch Hypothesen zu deuten versuchte." a.a.O. 221 – 223

„Im Jahr 1905 musste ein bekannter Wirtschaftswissenschaftler der US-amerikanischen Yale-Universität, Irving Fisher, seinen Lehrstuhl mit einem Bett in einem Tuberkulosesanatorium vertauschen. Er war zum Nichtstun verurteilt, aber sein lebhafter Geist konnte nicht ganz müßig sein. Er vertiefte sich in die im Sanatorium verfügbare medizinische Literatur und suchte sich eine Bilanz seines Gesundheitszustandes zu machen. Welche Posten waren negativ, welche positiv? Wie hoch war der Verlust an Gesundheit? Bald kam er dahinter, dass eine hochwertige Ernährung einen großen Aktivposten bedeutet. Aber was ist hochwertig? Irving Fisher las viel, doch das Gelesene überzeugte ihn nicht. Dann stieß er im letzten Jahresbericht der naturwissenschaftlich-medizinischen Gesellschaft in Brüssel auf eine Arbeit des belgischen Arztes Schouteden und war fasziniert. Schouteden hatte an der Brüsseler Universität Studien an Studenten durchgeführt, um festzustellen, ob eine rein vegetarische oder eine vorwiegend aus tierischen Erzeugnissen bestehende Nahrung den Menschen mehr kräftigt. Zu diesem Zweck hatte er zwei Gruppen von Studenten ausgesucht, die sich entsprechend ernährten. Sie wurden zwei Prüfungen unterworfen: dem Zusammendrücken eines 'Ergographen' mit der rechten Hand und dem Hochziehen eines Gewichts. Das Ergebnis war überraschend. Die Vegetarier brachten es auf einen Durchschnitt von 69 Punkten am Ergographen, die Fleischesser nur auf 38. Der stärkste Vegetarier erreichte beim Hochziehen des Gewichts einen Wert von 1,457 (kg/m), der Stärkste unter den Fleischessern nur 1,049. Ebenso erstaunlich war die Tatsache, dass die Vegetarier sich nach der Anstrengung weit rascher erholten und somit eher wieder in der Lage waren, das Experiment zu wiederholen, als ihre nach der herrschenden Auffassung kräftiger ernährten Gegner.

„Das muss ich nachprüfen!" Dieser Gedanke ließ Fisher nicht mehr los. Als er an die Yale-Universität zurückkehren konnte, begann er sogleich mit ähnlichen Studien. Irving Fisher bereitet seine Studie sorgfältig vor. Er wählt 49 jüngere Leute aus, in der Mehrzahl Studenten, die seit jeher an eine bestimmte Ernährungsform gewöhnt sind: Die einen an die amerikanische Durchschnittskost mit ihrem hohen Anteil an Fleisch und Eiweiß, die anderen an eine rein vegetarische Ernährung mit wenig Eiweiß. Fisher sorgt dafür, dass in beiden Gruppen die gleichen Konstitutionstypen vorhanden sind und hier wie dort trainierte Sportler, aber auch Stubenhocker mitmachen. Dann treten beide Mannschaften an, um in Anwesenheit zahlreicher Zeugen, Professoren, Ärzten, Sportlehrern, ihre körperliche Ausdauer zu messen. Jeder erwartet, dass die kräftig ernährten „Fleischesser" den „Grasfressern" weit überlegen sind. Aber schon die erste Übung bringt eine Überraschung. Von den Fleischessern können nur zwei ihre Arme länger als eine Viertelstunde ruhig in der Waagerechten halten, keiner bringt es auf eine halbe Stunde. Bei den Vegetariern sind es 22, und 15, fast die Hälfte, bringen es auf eine halbe Stunde, neun sogar auf eine volle Stunde, vier auf zwei Stunden und einer auf volle drei Stunden. Auch bei den anderen Übungen zeigen die Vegetarier eine ähnliche Überlegenheit. Die Zeugen sind ratlos. Sollte die allgemeine, auch von der Wissenschaft geteilte Meinung, dass die hochwertige Fleisch- und Eiweißkost die physischen Kräfte des Menschen am besten stärkt, ein Vorurteil sein? Sollte der kräftige Geschmack der Fleischgerichte dazu verführt haben, ihnen auch eine besondere, kräftigende Wirkung zuzuschreiben? In den USA hat Dr. Kellog in Battle Creek ähnliche Experimente durchgeführt und gleiche Ergebnisse gefunden. In Deutschland bestätigte W.Caspari die Glaubwürdigkeit der belgischen und US-amerikanischen Studien. Caspari sprach die Vermutung aus, dass die geringere Ausdauer der Fleischesser auf Giftstoffe zurückzuführen sei, die Fäulnisbakterien aus den Eiweißrückständen im Dickdarm bilden." a.a.O. S. 214- 215

Warum haben diese Untersuchungen nicht zu einer Revolution der Ernährung geführt? Es hat vieles miteinander gewirkt. Wir wollen hierauf nicht näher eingehen. Die Zeit war noch nicht reif. Auch auf anderen Gebieten geschieht es, dass neue

Erkenntnisse viele Jahre lang unbeachtet bleiben. Außerdem war damals die Ernährung vieler Vegetarier alles andere als gesund (das ist übrigens auch heute noch der Fall, nur sind es nicht mehr so viele, die es falsch machen).

Gebet

Lieber Gott, wir danken dir für alles, was du uns täglich gibst.
Wir wissen nicht, warum es uns gut geht
und andere so leiden müssen.
Lass uns hinnehmen, was du für uns bestimmt hast.
Wir wissen, dass uns Leid seelisch reifen lässt und wünschen
doch, nicht leiden zu müssen.
Gib uns die Liebe, die wir brauchen, um zu dir zu beten
und für unsere Mitmenschen da zu sein.

Alexander von Humboldt (1769-1859)

Are Waerland: „Befreiung aus dem Hexenkessel der Krankheiten"

Rektor W. A. Sibleys Versuche mit Pflanzenkost

Wohl niemand hat mehr zur Verschiebung des Begriffes „Vegetarismus" beigetragen, als der jetzige Präsident des vegetarischen Vereins, Rektor W.A. Sibley, Leiter der von seinem Vater G.W. Sibley gegründeten Stiftsschule Wycliffe College. Rektor W.A. Sibleys Vater war mehr als sechzig Jahre Vegetarier gewesen, als er im Alter von etwas über achtzig Jahren starb. Zwar musste er seinen Schülern die gewöhnliche Kost geben – die damals übliche Schulkost –, aber durch seinen großen Einfluss und durch die Zuneigung und das Zutrauen, die er bei seinen Schülern gewann, wurde mancher von ihnen zum Vegetarismus bekehrt. Dass seine eigenen Söhne mit Pflanzenkost aufgezogen wurden, ist selbstverständlich. Nach beendeten Universitätsstudien gründete der älteste Sohn, der jetzige Rektor der Schule, ein besonderes Stift für Schüler, die entweder Kinder vegetarisch lebender Eltern waren, oder sich aus eigenem Antrieb und mit der Zustimmung der Eltern für eine Lebensführung mit Pflanzennahrung entschlossen hatten. So entstand das später so berühmte und weitbekannte „Springfield House". Es ist nämlich Sitte in England, dass die Schüler einer Stiftsschule auf verschiedene Häuser verteilt werden, mit einem der Lehrer als Vorsteher oder Hausmeister.

Der junge Sibley wurde im Jahre 1909 selbst Hausmeister für das Springfield House, das in den letzten fünfunddreißig Jahren alljährlich etwa vierzig vegetarisch lebende Schüler beherbergte. Dadurch schrieb er, ohne es zu wissen, eine neue Seite in der Geschichte des englischen Vegetarismus.

Da der Sport im Leben eines englischen Schuljungen die Hauptsache ist und im Stundenplan einer englischen Stiftsschule den größten Platz einnimmt, ist es begreiflich, dass das Hauptaugenmerk auf die Leistungen im Sport gerichtet wurde, als es galt, den Einfluss einer bestimmten Ernährung auf die geistigen und körperlichen Fähigkeiten eines Schülers zu beurteilen.

In einer kleinen Schrift „Vegetarismus und der aufwachsende Knabe" hat Rektor Sibley die Wirkungen seiner Kost auf die Schüler im Springfield House geschildert und sie mit den Ergebnissen verglichen, die bei Schülern mit gewöhnlicher Kost erzielt worden sind. Er schreibt:

„In keiner Hinsicht kann nachgewiesen werden, dass die Pflanzenkost, so wie sie in der Schule zusammengestellt und zubereitet wird, einen schädlichen Einfluss auf die Schüler gehabt oder sie ihren fleischessenden Kameraden irgendwie unterlegen gemacht hätte." – Schon dieses erste Ergebnis ist ein bemerkenswerter Erfolg, da die englischen Ärzte seit der Gründung des Vegetarischen Vereins vor hundert Jahren bis zum Ausbruch des Zweiten Weltkrieges die Ernährung mit Pflanzenkost stets unterschätzt, davor gewarnt und sie sogar mit allen Mitteln bekämpft haben.

„Im Sport sind die Pflanzenkostler den Fleischessern überlegen im Boxen, Tennis und Schießen, aber noch mehr in allen Wettkämpfen, die Ausdauer erfordern, besonders im Geländesport. In diesen Wettspielen trugen Sportsleute, die aus rein vegetarisch lebenden Familien stammten, mehr als die Hälfte der Siege davon." – Diese Leistungen sind um so bemerkenswerter, wenn man in Betracht zieht, dass die Vegetarier im Springfield House nur ein Fünftel der gesamten Schülerzahl umfassen, da durchschnittlich zweihundert Fleischesser mit einer fünfmal größeren Auswahlmöglichkeit vierzig Pflanzenköstlern gegenüberstehen. Rektor Sibley erklärt die größere Ausdauer der von Pflanzennahrung lebenden Schüler damit, dass ihr Blut und ihre Gewebeflüssigkeiten einen höheren Alkaligehalt aufweisen. Dadurch werden die Müdigkeitsgifte unwirksam und schneller ausgeschieden, so dass alle Organe des Körpers mit weniger Widerstand arbeiten können, denn die Müdigkeitsgifte wirken ungefähr wie Schmirgel in einem Getriebe.

„Was den Gesundheitszustand betrifft, so sind die vegetarisch lebenden Schüler den Fleischessern unbedingt überlegen, besonders durch ihre große Widerstandsfähigkeit gegen Erkältungen und durch ihre Unempfänglichkeit für Grippe. Während der schweren Grippezeit im Jahre 1918 blieben die Schüler vom Springfield House ganz verschont. Im Zweiten Weltkrieg aber erkrankten an Grippe 22 Prozent der Pflanzenesser – wahrscheinlich als Folge des durch den Krieg verursachten Mangels an Obst und Gemüse – gegenüber 42 Prozent der Fleischesser. Außer der größeren Anfälligkeit für Krankheiten leiden alle Fleischesser mehr oder weniger an Verstopfung, während die von Pflanzenkost lebenden Schüler von diesem Übel überhaupt nicht heimgesucht werden."
S. 119 – 121

Und jetzt ein Beispiel ausDeutschland, aus dem Kinderdorf Salem:
Aus 'Der Wendepunkt', Heft 5, Jahrgang 1976.

Dieter Menninger: „Salem – Modell für morgen"

„Die Salem-Kinder werden nicht mit der krankmachenden Nahrung unserer Zivilisation vollgestopft. Sie erhalten keine Weißmehlprodukte. In den Salem-Bäckereien werden schmackhafte Vollkornbrotsorten und knusprige Vollkornbrötchen und Vollkornkuchen gebacken, Zuckersüßigkeiten gibt es nicht. Die Lust nach Süßem wird mit Früchten, Honig und Nussschnitten gestillt. Eine laktovegetabile Vollwerternährung mit viel Frischkost nach Bircher-Benner und Kollath bestimmt die tägliche Speisekarte. Salem baut sein Korn, Obst und Gemüse in eigenen Agrarbetrieben biologisch ohne chemische Dünge- und Pflanzenschutzmittel an. Nirgendwo in den Salem-Siedlungen wird geraucht. Bei einem Besuch der Kinderdörfer in Stadtsteinach und Höchheim sagte mir der international bekannte Kinderarzt Prof. Helmut Mommsen vor der Fernsehkamera: „Ich habe in Europa, ja in der zivilisierten Welt, nirgendwo eine gleich große Zahl so überdurchschnittlich gesunder Kinder gesehen wie in den Salem-Kinderdörfern. Besonders hervorzuheben ist die enorme Widerstandsfähigkeit gegen akute grippale Infekte. Ein völlig anderes Bild als das, was der Kinderarzt in seiner Praxis erlebt. Wenn die Salem-Kinder an einem fieberhaften Infekt erkranken, dann haben sie ein kurzes und hohes Fieber, sind aber schon in wenigen Tagen wieder im alten guten Gesundheitszustand. Es ist nicht nötig, die schweren Geschütze der Chemotherapie mit Penicillin, Sulfonamiden oder anderen Antibiotika aufzufahren."

Ich selber esse seit etwa 46 Jahren kein Fleisch mehr. Es bekommt mir besser und es schmeckt mir besser. Man muss es nur verstehen. In meiner veganen Ernährung spielen Avocado, Olive und Tofu eine besondere Rolle. Davon esse ich regelmäßig, aber mäßig (wöchentlich ca. 400g Tofu, ca. 60 kleine schwarze Oliven und 2-3 Avocado). Weißes Mandelmus ist nicht erhitzt, nur blanchiert. Ich schätze es im Obstmüsli und als Brotbelag mit wenig Honig.

Der 1995 verstorbene Ernährungswissenschaftler Professor Cremer hat seine Ansicht über das Eiweiß geändert. Dr. Ralph Bircher schrieb darüber im „Wendepunkt" Heft 6, Jahrgang 1976:
„Meine Hochachtung, Herr Professor!

Es verlangt nicht nur Beachtung, sondern Hochachtung, wenn ein hochgestellter Fachmann sich dazu versteht, eine jahrzehntelang gelehrte Auffassung zu revidieren. Dies hat Prof. Dr. med. Hans-Diedrich Cremer Gießen gleichzeitig mit Prof. Joachim Kühnau getan und dessen Ausführung speziell in Bezug auf die Eiweißfrage ergänzt.

Cremer ging auf die Kombinationswerte gleichzeitig zugeführter Eiweißarten und die Vollwertigkeit einer Reihe reinpflanzlicher Eiweißkombinationen ein. Aufgrund neuerer Forschungen gelangt Cremer sogar zu dem Schlusse, dass die außerordentliche Verbreitung der Herz- und Kreislaufkrankheiten in erster Linie mit der Eiweißmenge (Wendt 's „Eiweiß-Mast"), und zwar mit der Zufuhr von tierischem Eiweiß zu tun hat mehr noch als mit jener von Cholesterin, die damit verbunden ist. Auch in Bezug auf die Sportleistungen kennt und anerkennt Cremer die Höchstleistungen der Vegetarier, allerdings nur in bezug auf Dauerleistungen. Auch auf den „Transformationsverlust" geht Cremer ein, das heißt auf die riesige Verschwendung von Eiweiß und Nahrung beim „Umweg über das Tier", statt direktem Konsum. Nach dieser mutig-aufrichtigen Wendung in der bundesdeutschen Fachwelt und vor allem nach Prof. Rene Dumont's schwerem Vorwurf in der FAO an die Adresse der „Wohlstands-Völker", dass sie mit ihrem Fleischkonsum an Millionen Verhungernden zu (indirekten) Kannibalen geworden sind, wäre es nun für die christlichen Kirchen doch wohl eine einzigartige Gelegenheit, ihr Ansehen und ihren Einfluss wiederherzustellen, wenn sie mit Geisteskraft, Mut und Beispiel für die Einführung von fleischlosen Tagen eintreten würden."

Wir können also sagen: Ohne Fleisch können wir uns besser ernähren! In „Die Ernährung als Sozialfaktor" werden wir auf die volkswirtschaftlichen und ethischen Gesichtspunkte eingehen.

Einsicht

Nur selbstloses Handeln
kann Herzen verwandeln
erneuern den Sinn.

Es schafft Vertrauen,
darauf lässt sich bauen
zum Besseren hin.

Edeline Löwe

Ernährung III

Quantität oder Qualität?

Wir haben darauf hingewiesen, dass Mehl Type 1700 pro kg 17 Gramm Mineralien und Spurenelemente, Mehl Type 405 4,05 Gramm Mineralien und Spurenelemente enthält. Wir wollen uns jetzt noch intensiver mit dem Problem „Quantität oder Qualität?" befassen. Welches sind die Kriterien der Qualität? Was können wir tun, um Qualitätsnahrung zu bekommen? Ist Qualitätsnahrung teurer? Welche Schäden drohen uns, wenn wir nur darauf bedacht sind, für unser Geld möglichst viel an Nahrungsmitteln zu bekommen? Gibt es eine falsch verstandene Qualität?

Gute Lebensmittel sollen 1.) frisch sein, 2.) gut oder sehr gut schmecken, 3.) frei von Schadstoffen sein und 4.) möglichst in unserem Land gewachsen sein.

Zu 1.) Nur wer einen eigenen Garten oder eigene Landwirtschaft hat, kann täglich ganz frische Lebensmittel essen (z. B. Gemüse, Obst und Milcherzeugnisse). Auch die Lebensmittel vom Markt sind nicht ganz frisch, denn, was am Morgen angeboten wird, wurde meist am Abend vorher geerntet. Nun lebt aber die überwiegende Mehrheit unseres Volkes in der Stadt, und nur ein kleiner Teil der Städter besitzt einen eigenen Garten. Und doch gibt es eine Möglichkeit. Entscheidend ist nicht die Menge der Frischkost, sondern der regelmäßige Verzehr. Jeder hat eine Fensterbank, viele haben einen Balkon. Eine Fensterbank lässt sich mit einem Brett verbreitern. Wer hier frische Kräuter zieht, hat vom Frühjahr bis zum Winter eine wertvolle Ergänzung seiner Nahrung und kann mittags und abends seinen Salat mit frischen Kräutern bereichern. Sehr viele Menschen wissen um die Bedeutung der frischen Qualitätsnahrung. Der

Anteil der Stadtbevölkerung mit Schrebergarten nimmt ständig zu. Dabei wird nicht nur die Ernährung verbessert. Der Gärtner wird ausreichend mit frischer Luft versorgt und kennt keinen Mangel an Bewegung.

Zu 2.) Bitte machen Sie einen Versuch, indem Sie z. B. gelbe Rüben (Möhren) kaufen, einmal aus dem nächsten Laden und einmal aus biologischem Anbau. Sie werden überrascht sein! Die biologischen Möhren schmecken besser, süßer und voller. Wenn ich das Wachstum z. B. der Möhre mit Kunstdünger anrege, so erhalte ich auf diese Weise eine größere Ernte. Es ist mir mit Hilfe des Kunstdüngers zwar gelungen, die Versorgung des Bodens mit gewissen Mineralien zu steigern, aber nicht alle in der Möhre enthaltenen Stoffe sind vermehrt. Je größer die Ernte, desto weniger von diesen Mineralien und Spurenelementen enthält nun die einzelne Möhre. Ich muss, um die gleiche Menge lebenswichtiger Mineralien und Spurenelemente zu erhalten, mehr Möhren essen. Wenn Sie daran denken, dass dies im Prinzip bei allen Lebensmitteln dasselbe ist, so ergibt sich folgendes: Wer nicht auf Qualität achtet, muss Quantitäten essen, um auf seine Kosten zu kommen. Dabei können dem Körper Stoffe zugeführt werden, die er nicht verarbeiten kann und die er speichert. Wir werden dick! Eine Umstellung ist nur allmählich möglich, denn zunächst einmal ist unser Magen an bestimmte Quantitäten gewöhnt und lernt erst allmählich, dass der Körper nun mit weniger auskommen kann.

Zu 3.) Der Einzelne hat nicht die Möglichkeit, alles, was er isst, zu kontrollieren. Obwohl wir vom Geschmack her ein gewisses Urteil fällen können, sind wir zu unserer Sicherheit auf Kontrollen angewiesen bzw. auf zuverlässige Lieferanten einwandfreier Erzeugnisse. Wir sollten daher dort kaufen, wo wir erwarten können, dass die Lebensmittel biologisch gezogen sind. Das ist nicht so einfach. Wenn Sie Glück haben, finden Sie auf dem Markt einen Bauern mit dem Hinweis auf biologisch gezogenes Obst und Gemüse. Es gibt in Deutschland so genannte Bio-Läden, das sind Läden, in denen sich bescheidene junge Menschen bemühen, biologische Lebensmittel anzubieten. Die am besten bekannte Einkaufsquelle ist das Reformhaus. Es gibt in Deutschland fast 2000 Reformhäuser. Wir werden uns mit der Bedeutung dieser Läden für die Versorgung und Gesundheitsbildung der Bevölkerung eingehend befassen. Vorweg nur folgendes: Auch im Reformhaus ist nicht alles aus biologischem Anbau. Über die Trockenfrüchte z. B. ist meistens nur bekannt, dass sie nicht geschwefelt sind. Vor einigen Jahren hat die Neuform (Vereinigung der Reformhäuser) noch Listen herausgegeben, die Aussagen über die Schadstoff-Freiheit der Trockenfrüchte enthielten. Auch heute werden die Importe kontrolliert, aber eine Schadstoff-Freiheit gibt es praktisch nicht mehr. Wind, Regen und Grundwasser bringen Schadstoffe. Eine Kontrolle und Rückweisung der zu schlechten Importe ist gut, aber der Konsument weiß nicht, welcher Maßstab bei der Kontrolle angelegt wird, und daher ist Ware aus biologischem Anbau meistens besser. Ein solcher Anbau erfolgt bisher nur in geringem Umfang.

Zu 4.) Ernährungswissenschaftler in aller Welt sind dafür, dass wir uns in erster Linie von dem ernähren, was da wächst, wo wir wohnen. Dafür spricht vieles: Je geringer der Transport, desto frischer und preiswerter kann die Ware sein. Darüber hinaus gibt es noch etwas, was sich nicht so einfach erklären lässt, was aber jedem als „natürlich" einleuchten müsste. Der Mensch bildet mit seiner Umgebung eine Einheit. Je mehr er sich aus der engeren Umgebung ernähren kann, desto natürlicher ist auch seine Lebensweise. Wenn der sonnenhungrige Stadteuropäer im Winter zusätzlich sonnengereifte gedörrte Früchte und Orangen isst, so kann ihm das helfen, wenn die

Zusätze in bescheidenem Rahmen bleiben. (Ich selber esse z. B. Orangen nur von Weihnachten bis Ostern und nicht mehr als 1 – 2 in der Woche. Auch Zitronen esse ich nur gelegentlich.) Wenn aber schon zu einer Zeit, da bei uns eine reiche Obsternte frisch zur Verfügung steht, Orangen verlangt werden, so sind die, die danach fragen, sicher nicht richtig ernährt und werden auch durch die Orangen nicht gesunder.

Ist Qualitätsnahrung teuer? Diese Frage haben wir schon teilweise beantwortet. Wenn ich von den wertvolleren Nahrungsmitteln weniger brauche, dürfen sie auch teurer sein. Das Teuerste in der üblichen Normalkost sind die Fleischwaren. Wir haben schon gehört, dass wir ohne Fleisch gesünder leben. Dies hängt auch damit zusammen, was mit den Tieren geschieht, um rasch möglichst viel Fleisch zu erhalten. Unsere Haustiere werden nicht nur bei der Massenhaltung grausam behandelt. Ein Kalb kann sich in seiner Box kaum bewegen und erblickt nur einmal in seinem Leben vielleicht das Licht der Sonne, nämlich auf dem Weg vom Stall zum Wagen des Metzgers. Der Tierarzt ist derjenige, der am besten Bescheid darüber weiß, was alles mit unseren Haustieren geschieht. Wenn ich Ihnen sagen kann, dass immer mehr Tierärzte Vegetarier werden, so glaube ich, damit genug zu diesem Thema gesagt zu haben. Wer kein Fleisch isst, hat auch Geld für Qualitätsnahrung. Es ist sogar möglich, die vegetarische Ernährung außerordentlich billig zu gestalten. Voraussetzung dafür ist der Besitz einer Getreidemühle. Wer sich im Herbst eine größere Menge biologisches Getreide kauft, kann sich mit Hilfe der Mühle Schrot und Mehl selber herstellen. Er braucht weder Mehl noch Getreideflocken zu kaufen. In größeren Familien rentiert sich auch das Brotbacken, und die Anzahl der Familien, die dies auch tun, wächst ständig. Wer zum Frühstück selbst zubereitetes Getreide als Müsli oder Brei, mittags Getreide wie Reis zubereitet und abends selbstgebackenes Brot isst, kann sich, wenn er keinen Garten hat, Obst, Gemüse und Nüsse in bester Qualität kaufen und lebt doch noch sehr billig. Wichtig in der gesunden Ernährung sind z. B. die kaltgepressten Öle. Im Reformhaus sind alle Öle kalt gepresst. Diese Öle müssen etwas teurer sein, weil bei der kalten Pressung etwas weniger Öl gewonnen wird. Man kann sie aber auch in einem guten Lebensmittelgeschäft kaufen. Man muss nur danach fragen. Der Liter kostet nur wenig mehr. Wenn wir daran denken, dass dieses wertvollere Öl mehr Vitamine enthält, so können wir auch hier mit etwas weniger Öl auskommen, so dass wir nicht mehr auszugeben brauchen.

Welche Schäden drohen uns, wenn wir Lebensmittel essen, die Schadstoffe enthalten? Unsere Lebensmittel können eine Vielzahl von schädlichen Stoffen enthalten. Unkraut wird mit Herbiziden bekämpft, gegen Insekten werden Insektizide verwandt, in der industriellen Herstellung werden chemische Mittel zur Verschönerung und Verlängerung der Haltbarkeit verwandt usw.

Die Kette der Gifte wirkt sich verheerend aus. Das kleine vergiftete Tier wird von einem größeren gefressen, dieses wieder von einem noch größeren usw. Die Gifte können nur zum Teil ausgeschieden werden, zum anderen Teil werden sie gespeichert. Wieder ein Grund, Fleisch zu meiden. Wir können uns nicht allen Giften entziehen, wie wir es auch versuchen, doch können wir sehr viel tun. Es kann jahrzehntelang dauern, bis die Gifte krank machen, und es gibt keinen eindeutigen Zusammenhang zwischen Giftwirkungen und bestimmten Krankheiten. Kopfschmerzen, Magengeschwüre, nächtliches Schwitzen und vieles andere mehr, kann die Folge von Giften in der Nahrung sein. Ich selber hatte das Glück, den Zusammenhang eindeutig feststellen und die Schadwirkung abstellen zu können. Vor etwa 46 Jahren (damals hatte ich das Wort „biologische Nahrung" noch nie gehört) fing ich an, nachts zu schwitzen. Wie sich später herausstellte, war das die Verteidigung meines Körpers gegen Gifte. Ich schwitzte sie aus. Damals kam ich in ein Ferienheim mit biologischer Nahrung, und das Schwitzen hörte auf. Nach Hause zurückgekehrt, konnte ich die biologische Nahrung, von der ich nun erfahren hatte, nicht gleich beschaffen, und ich fing wieder an zu schwitzen. Nach der Umstellung hatte ich nur noch im Urlaub Schwierigkeiten. Nach 3 Wochen im Zelt an der Nordsee und Ernährung aus dem nächsten Laden schwitzte ich wieder stark. Im nächsten Jahr nahm ich die Grundnahrungsmittel mit an die Nordsee und blieb verschont. So muss jeder, der glaubt, sich eine Nahrung aus dem nächsten Laden leisten zu können, seine eigenen Erfahrungen machen. Es ist eine große Frage, ob er die schädlichen Wirkungen noch rechtzeitig merkt, um eine Wiederherstellung seiner Gesundheit durch eine Umstellung zu erreichen. Ganz wird das nie der Fall sein, denn es gibt Gifte, die wir nicht ausscheiden können. Wer viele Jahre falsch gelebt hat, muss sich für den Rest seines Lebens mehr oder weniger mit den Folgen abfinden und darf froh sein, wenn statt einer weiteren Verschlimmerung eine leichte Besserung seines Befindens eintritt. Unsere Jugend ist heute viel größeren Belastungen ausgesetzt als wir früher, doch in einem Punkt haben sie es besser als wir. Dass ein Mensch erst mehr als 40 Jahre alt werden muss, um zum ersten Mal etwas von biologischer Nahrung zu hören, dürfte heute kaum möglich sein. Entsprechend groß ist auch die Zahl der Jugendlichen, die sich um eine gesunde Ernährung und Lebensweise bemüht.

Gibt es eine falsch verstandene Qualität? Wer z. B. Obst nur nach dem Gesichtspunkt ‚diese Äpfel sehen aber schön aus!' kauft, irrt sich. Gerade die schönen Äpfel sind vermutlich solche, die mit chemischen Mitteln behandelt sind. Ohne diese wird der eine oder andere Apfel von Insekten aufgesucht werden und vielleicht einen Wurm haben. Die Äpfel sehen nicht so gleichmäßig schön aus. Die größten Früchte, denken wir z. B. wieder an die gelben Rüben, sind solche, die ihr Wachstum dem reichlichen Kunstdünger verdanken und die daher mehr Masse, aber weniger Gehalt bringen.

Noch ein Wort zu den verschiedenen biologischen Verfahren. Es gibt die biologischdynamische, die organisch-biologische und die makrobiotische Methode usw. Es kommt nicht auf die Methode an, sondern auf den, der sie anwendet. Liebe, Sorgfalt und Können sind entscheidend. Die Begabung im Umgang mit Boden und Pflanze ist eine Gnade. Das geht so weit, dass im Raum Freiburg unter den biologisch-dynamisch wirtschaftenden Bauern am Kaiserstuhl ein Bauer bekannt ist, dessen Erzeugnisse am besten schmecken.

Ich hoffe, dass Ihnen meine Ausführungen helfen können. Warten Sie nicht länger! Schaffen Sie sich ein Kräuterbeet auf der Fensterbank an, wenn Sie keinen Garten oder Balkon haben, und suchen Sie sich die örtlichen Möglichkeiten für den Einkauf biologischer Nahrungsmittel. Wer ganz schlimm dran ist, kann sich an Versandgeschäfte wenden, über die Sie in allen Gesundheitszeitschriften (teilweise kostenlos im Reformhaus) Näheres erfahren. Es ist erstaunlich, in welch gutem Zustand z. B. wöchentliche Kräuterpäckchen ankommen können.

Das Reformhaus in Deutschland

Vortrag europäischer Vegetarierkongress 1985 in Dubrovnik

Mein Buch entstand aus der Arbeit im Reformhaus. Die damals 92jährige Frau Lacoste sagte: „Wir müssen dasselbe immer wieder sagen. Bitte schreiben Sie es doch mal auf." So machte ich mich an die Arbeit. Mein Buch ermöglicht jedem, sich schon rasch auf vielen Gebieten einen Überblick zu verschaffen, den er dann allmählich durch Lektüre verbreitern kann. Viel wichtiger ist aber ihre Bedeutung für alle, die in Heilberufen tätig sind. Der vielbeschäftigte Arzt z.B. hat einfach keine Zeit, den Patienten genaue Anleitungen für Ernährung und Lebensweise zu geben. Alle, die das, was in meinem Buch steht, schon wissen und es den Menschen, die sie beruflich betreuen oder ihren Bekannten weitergeben wollen, können das mit Hilfe des Buches tun. Wie segensreich eine Gesundheitsbetreuung sein kann, möchte ich Ihnen an zwei Beispielen zeigen. Eine junge Frau kam ins Reformhaus und sagte etwa folgendes: „Wir leben in Japan. Sie haben uns vor zwei Jahren beraten und uns ein Buch geliehen. Dadurch wurde ich angeregt, mich weiterzubilden. Inzwischen ist unser zweites Kind auf die Welt gekommen. Durch die Umstellung unserer Ernährung hat dieses Kind eine wesentlich bessere Gesundheit. Es ist ein ganz anderer Kerl." – Eine Zuckerkranke mit echtem Interesse an gesunder Lebensführung ließ sich beraten. Beim nächsten Arztbesuch wurde sie gefragt: „Was haben Sie getan?". Sie antwortete „Ich habe mich gehalten". Mit dieser Antwort war der Arzt nicht zufrieden und suchte die Dame abends in ihrer Wohnung auf. Nun sagte sie: „Herr Doktor, von Ihren Tabletten kann ich nicht gesund werden, ich habe mich im Reformhaus beraten lassen und entsprechend gelebt." Überlegen wir einmal, was da im Reformhaus geschieht! Eine echte Beratung erfordert viel Zeit und Kraft, kann 20 -30 Minuten dauern. Eingekauft wird dann, wenn's hochkommt, für 10 Euro. Das kann nur geschehen, weil die meisten Kunden kein echtes Interesse an gesunder Lebensweise haben. Nur wenn genügend Kunden da sind, die nicht beraten sein wollen und die Waren einkaufen, an denen gut verdient wird und die vielleicht gar nicht der Gesundheit dienen (z. B. Konserven, Süßigkeiten, Fruchtzucker), hat der Reformhaus-inhaber finanziell die Möglichkeit, Beratungen durchzuführen, an denen nichts verdient wird, ja, die sogar dazu führen können, dass der Kunde nun weniger einkauft als vorher. Wir haben Gesundheitsbehörden, die von unseren Steuergeldern finanziert werden. Wir haben Ärzte, Heilpraktiker, Zahnärzte, Masseure usw., die ihre Arbeit selbstverständlich berechnen. Die Reformhäuser leisten die Arbeit, die eigentlich Aufgabe der Behörden wäre, ohne Bezahlung. Zumindest sollte ihnen der Staat die Steuern erlassen.

Die Reformhäuser entstanden als Stätten, an denen der Gesunde natürliche Lebensmittel kaufen konnte. Heute überwiegen die Kranken, und die Mehrzahl der Kunden hat kein echtes Interesse an einer wirklichen Lebensumstellung. Auch die Mitarbeiter in den Reformhäusern sind nicht mehr alle wirkliche Reformer, und die Fähigkeit zur Beratung ist nicht mehr selbstverständliche Voraussetzung für diese Tätigkeit. Man kann sich wohl in der Praxis und auf der Schule die erforderliche Warenkenntnis und gewisse Kenntnisse in der Beratung erwerben. Wer aber keine Erfahrung in vegetarischer Ernährung und gesunder Lebensführung hat, wird auch keine echte Beratung durchführen können.

Schauen wir uns einmal an, wer im Reformhaus einkauft und was gekauft wird. Da ist der Junge, der jede Woche vier „Eden" (Pflanzenbutter) kauft, da die Kundin, die nur im Winter kommt und Sauerkraut holt. Da sind die Kunden, die nur Vollkornbrot kaufen. Da ist das junge Mädchen, das nur Kosmetika verlangt und nicht wissen will, dass die Haut von innen gepflegt werden kann. Da sind die Zuckerkranken, die nur Süßigkeiten, Fruchtzucker und Obstsäfte wünschen. Sagt man ihnen, dass das nicht gesund ist, so kommen sie überhaupt nicht mehr. Da ist der alte Herr, der einmal im Monat für über 50 Euro Kurmittel kauft. Da ist die dicke Frau, die nach Weizengel verlangt. Da sind die vielen, die auf Grund der falschen Ernährung an Verstopfung leiden und einen großen Bedarf an natürlichen Abführmitteln haben. Etwas gescheiter sind diejenigen, die dafür Kleie, Leinsamen und Feigen kaufen. Da ist die Familie, die jede Woche eine Bestellung aufgibt mit viel Konserven, Marmelade usw. Alle diese Kunden verstehen nichts von natürlicher Ernährung, und die meisten wollen auch nicht beraten sein. Viele haben etwas gehört und holen ein oder zwei Artikel, wollen sonst aber nichts ändern. Nur bei etwa 5 % der Kunden stehen die natürlichen Lebensmittel, Obst, Gemüse, Nüsse, Getreide und Vollkornbrot im Vordergrund, und man merkt, dass bewusste Reformer einkaufen.

Dabei ist die Wirkung von Presse, Rundfunk und Fernsehen außerordentlich groß. Als ich 1972 wieder anfing, im Reformhaus zu arbeiten, war Kleie kaum gefragt. Dann kam eine Sendung im „Gesundheitsmagazin Praxis" des ZDF, in der Kleie gegen Stuhlverstopfung empfohlen wurde, und der Umsatz erreichte ungeahnte Höhen. Es kamen viele, die noch nie in einem Reformhaus gewesen waren und die kein Interesse zeigten, irgend etwas anderes zu kaufen als die Kleie, die ihnen durch diese eine Fernsehsendung empfohlen wurde. Immer, wenn ein bisher wenig gefragter Artikel verlangt wird, kann man sicher sein, dass er in der Presse, im Rundfunk oder im Fernsehen empfohlen wurde. Wie segensreich könnte es sein, wenn in den Massenmedien eine wirklich gesunde Ernährung und Lebensweise empfohlen würde. Die Illustrierte „Die

Bunte" brachte einen guten Fortsetzungsartikel über gesunde Ernährung. Nun ist die Artikelreihe zu Ende, und es folgen die gleichen ungesunden Rezepte wie bisher.

Auch die Reformhausinhaber sind nur Menschen. Sie wollen und müssen verdienen. So hat sich eine unheilvolle Entwicklung angebahnt. Immer mehr treten die natürlichen Lebensmittel, an denen wenig verdient wird, in den Hintergrund. Immer stärker überwiegen Dosen, Gläser, Flaschen, Kapseln und Kurmittel. Es gibt viele Reformhäuser, die kein Obst und Gemüse verkaufen, weil es zu viel Arbeit macht und daran zu wenig verdient wird. Zudem, die Reformhäuser sind gezwungen, das anzubieten, was die Reformindustrie herstellt, weil für diese Artikel in den kostenlos verteilten Zeitschriften geworben wird. In der Reformindustrie sind keine Idealisten, sondern kühle Rechner, die verdienen wollen. Die so hergestellten Industrieprodukte sind zu 90 % Waren, die teuer und nicht vollwertig sind.

Wenn ich genügend Zeit und Geld hätte, dann würde ich gerne mal von einer Firma zur anderen fahren und Fragen stellen: Wie viel Zucker oder Fruchtzucker enthalten die Säfte? Welche Getreidesorten enthalten die Brote? Bestehen die Brote nur aus Vollkorn oder wird nicht voll ausgemahlenes Mehl beigemischt? Besitzt die Brotfabrik oder der Bäcker eine Getreidemühle, oder wird Vollkornmehl oder -schrot gekauft? Warum ist es nicht möglich, Leinöl jede Woche mit einem Datumsstempel zu versehen? Monatlich gekennzeichnetes Öl kann schon mehr als 4 Wochen alt sein, wenn es im Reformhaus eintrifft.

Junge Leute haben sich zusammengetan und bieten in einfachen Bioläden natürliche Produkte an, zum Teil relativ billig, z. B. biologisches Getreide in großen Säcken direkt vom Erzeuger. Leider haben diese jungen Leute häufig kein ausreichendes

Betriebskapital. Sie sind daher auch darauf angewiesen, teure Produkte zu verkaufen, die mit gesunder Lebensweise nichts zu tun haben. Häufig fehlt es an Wissen, Erfahrung und Verantwortungsbewusstsein.

Was könnte geschehen, um aus Reformhäusern und Bioläden echte Gesundheitsläden zu machen? Wer versuchen würde, ein Reformhaus mit nur gesunden Waren, also ohne Fruchtzucker, Süßigkeiten und Konserven zu führen, würde den größten Teil der Kunden verlieren, wenn er nur die restlichen Waren anbieten würde. Erfolg hätte ein solches Geschäft nur, wenn ein reiches Angebot an anderen gesunden Waren dazukommen würde. Mein Vorschlag: in jeder Stadt ein Gesundheitsladen, der von den ortsansässigen Reformhausinhabern gemeinsam geführt wird. In diesem Laden sollte alles angeboten werden, was zur gesunden Lebensweise gehört: Natürliche Lebensmittel in biologischer Qualität, Salate, Gemüse, Obst, frisch und gedörrt, Getreide, Nüsse und andere Samenfrüchte, Tees und Gewürze, Getreidemühlen und andere Küchengeräte, Naturtextilien und Gesundheitsschuhe, Bücher über gesunde Lebensweise (heute erhält man fast nur Bücher mit Diäten für Kranke) und evtl. noch einfache Sportartikel. Empfehlenswert wäre der Anschluss einer Teestube, Milchbar oder vegetarischen Gaststätte. Ein solcher Laden wäre bestimmt lebensfähig. Außerdem sollte die Beratung mehr als bisher im Vordergrund stehen. Entweder der Staat erkennt den Wert der Beratung entsprechend geführter Reformhäuser durch Steuererlass an, oder es müsste zumindest die Erstberatung honoriert werden. Denkbar wären auch Beratungsstunden, in denen mehrere Kunden beraten werden könnten.

Im übrigen: Wenn mein Buch der Beratung zu Grunde gelegt würde, wäre die Arbeit sehr viel einfacher. Ich wäre glücklich, wenn meine Anregungen aufgenommen würden und wir in

Deutschland nicht nur Bioläden und Reformhäuser, sondern auch echte Gesundheitsläden bekommen würden.

Ernährung, Kleidung und Körperpflege sind wichtig, viel wichtiger für uns ist aber die seelische Grundhaltung. Wir sind nicht auf der Welt, um es uns möglichst gut gehen zu lassen. Es sagte eine Dame: „Ich möchte nicht nach Indien fahren. Ich könnte das nicht sehen. Es würde mir den Urlaub verderben." Es kommt nicht darauf an, wie nahe wir an das Elend in der Welt herankommen. Es ist da! Täglich sterben Kinder, weil sie nicht genug zu essen haben. 20 Euro im Monat reichen aus für den Lebensunterhalt eines indischen Kindes. Wer heute im Glück lebt und sich alles kaufen kann, der ist nicht wirklich glücklich. Das erleben wir täglich an den vielen menschlichen Beziehungen, die scheitern. Nur wer bescheiden lebt, kennt eine echte, innere Zufriedenheit.

Gib du mir, Gott, die Gnade und führ mich deinen Weg,
auf dass in meiner Seele kein unnütz Wunsch sich reg.
Ich darf nur eins mir wünschen: Oh sieh mich täglich an,
auf dass mein irdisch Mühen niemandem schaden kann.
Herr, lass mich ruhig tragen, was du für mich bestimmt,
ich steck es in den Rucksack, den keiner für mich nimmt.
Ich lass die Wünsche flattern hinaus in alle Welt,
dann trag ich noch im Rucksack, was dir und mir gefällt.

Die Ernährung als Sozialfaktor

Vortrag am 30. August 1979

25th World Vegetarian Congress – Loughborough University, England

„Die Ernährung ist nicht das Höchste, aber sie ist der Boden, auf dem das Höchste gedeihen kann." (Ausspruch von Dr. Max Bircher-Benner)

Das soziale Gefüge einer Gemeinschaft von Menschen, z. B. eines Volkes, hängt in vielfältiger Weise von der Ernährung ab. Die Essgewohnheiten bestimmen die landwirtschaftliche Produktion und die Lebensmittelindustrie. Sie beeinflussen alle anderen industriellen Produktionszweige. Die richtige Nahrung ist eine wesentliche Voraussetzung für die Gesundheit. Gesundheit, Halbgesundheit oder Krankheit sind entscheidende Faktoren für das Sozialgefüge.

Man nimmt heute an, dass Christus, wie die meisten großen Religionsstifter, kein Fleisch gegessen hat. Wir wissen, dass seine Mutter Maria schon mit drei Jahren zu den vegetarischen Essenern gegeben wurde. Wir wissen, dass nach Christi Tod sein Bruder Jakobus der Gerechte sein Nachfolger, d. h. Führer der Christengemeinschaft wurde, und dass dieser von Geburt an Vegetarier war. Auch Jakobus' Nachfolger, ein Vetter von Christus und Jakobus, war Vegetarier. Dies steht in der Kirchengeschichte von Euseb. Das, was wir heute als Neues Testament kennen, stammt aus dem 4.Jh. nach Christus. Inzwischen war das Christentum unter Konstantin, dem Großen Staatsreligion geworden aber man wollte keinen vegetarischen Staat. Es ist daher anzunehmen, dass die Stellen, an denen berichtet wurde, dass Christus das Töten von Tieren und den

Fleischgenuss ablehnte, geändert wurden, sowie auch die Berichte über das, was Christus aß. Der Religionsgeschichtler Schöps berichtet von den Ebioniten, d.h. den freiwillig Armen, dass sie den Fleischgenuss als naturwidrig ablehnten.

Wir wissen, dass die Evangelien in den ersten Jahrhunderten immer wieder geändert wurden, und es wurden z. B. noch im 19.Jh. unbekannte Evangelien bzw. Fragmente gefunden, die dies bestätigen. Wer sich eingehender mit dem Thema befassen möchte, sei auf die Bücher von Dr. Carl Anders Skriver, „Die vergessenen Anfänge der Schöpfung und des Christentums" und „Die Lebensweise Jesu und der ersten Christen", verwiesen.

Dass die richtig zusammengestellte vegetarische Ernährung der Fleischkost überlegen ist, wurde immer wieder unter Beweis gestellt. Der belgische Arzt Schouteden bewies es durch Studien an Studenten der Universität Brüssel. Irving Fisher, Wirtschaftswissenschaftler der amerikanischen Yale-Universität, kam dort zum gleichen Ergebnis, ebenso W.Caspari in Deutschland. In England waren die vegetarischen Schüler an der Stiftsschule Wycliffe-College unter Rektor W.A. Sibley den Fleisch essenden gesundheitlich und besonders bei den Sportleistungen überlegen. In Deutschland sind die vegetarischen Salemkinder, obwohl sie Sozialwaisen sind, nach Ansicht des Kinderarztes Professor Dr. Mommsen die gesündesten Kinder in Deutschland. Mehr zu diesem Thema finden sie bei Albert von Haller „Macht und Geheimnis der Nahrung", und Are Waerland „Befreiung vom Hexenkessel der Krankheiten".

Die Abkehr vom Fleischgenuss würde heute eine völlige Umgestaltung unserer Landwirtschaft mit sich bringen. Es wäre denkbar, bei Haltung von Wollschafen, Zucht von Pferden, Anbau von Getreide, Kartoffeln, Gemüse, Obst und Nüssen und Ausbau von Fremdenzimmern und Ferienwohnungen eine Landwirtschaft rentabel zu gestalten. Einfach wäre das aber nicht.

Die Essgewohnheiten führen zu einer Beeinflussung der Lebensmittelindustrien. Beispiel: Wenn jeder Bäcker nur noch Vollkornbrot backen würde und eine eigene Getreidemühle hätte, bräuchten wir keine Mühlenbetriebe mehr. Bei gesunder Ernährung wäre die ganze Süßwarenherstellung, mit Ausnahme weniger Reformbetriebe, arbeitslos.

In den USA hat der amtsärztliche Hinweis auf den Zusammenhang zwischen Konsum von Süßigkeiten und Erkrankung an Kinderlähmung (höhere Infektionsgefahr durch starke Schwankungen des Blutzuckerspiegels) nicht nur zum ungewohnten Abbruch der Kinderlähmungsepidemie sondern auch zu solchen Einbußen im Geschäft mit Süßigkeiten geführt, dass die Warnung später nie wiederholt wurde. Obwohl es sich nur um eine örtliche Aktion handelte, verschickte ein Speiseeisfabrikant 4 Millionen Liter Eiscreme weniger als sonst um diese Jahreszeit.

Wären alle Vegetarier, so bräuchten wir keine Schlachthöfe, Fleischwarenfabriken und Metzger. Die meisten Vegetarier denken über ihre Ernährung nach und gestalten sie im Lauf der Zeit natürlicher. Nahrungsmittelveredelungsbetriebe verschiedenster Art wären daher einem enormen Umschichtungsprozess unterworfen. Dabei würden ein wesentlich geringerer Energieaufwand und eine geringere Arbeitszeit für naturbelassene Nahrungsmittel erforderlich sein.

Einfache Menschen in klimatisch günstigen Gegenden arbeiten vielleicht nur 2 Stunden am Tag für ihre bescheidenen Bedürfnisse. Wir arbeiten 8 – 9 Stunden täglich im Beruf und noch einige Stunden zu Hause für unsere Versorgung (Einkaufen, Kochen, Instandhaltung von Wohnung, Kleidung und Besitz). Wer sich von natürlichen Lebensmitteln ernährt, gibt weniger für die Ernährung aus. Auch eine gesunde sportliche

Kleidung könnte wesentlich billiger sein als die ungesunde, der Mode unterworfene. Gesunde Wohnungen müssen nicht teurer sein als krankmachende. Wenn alle Mitglieder eines Volkes zur gesunden Lebensweise übergehen würden, wäre es denkbar, dass weniger Zeit im Industrieprozess und mehr bei sinnvoller Freizeitgestaltung verbracht würde. Man hätte Zeit für einen Garten, was wiederum die Kosten der Lebenshaltung senken würde. Auch könnten mehr Menschen in der Landwirtschaft tätig sein und es wäre möglich, viel mehr Sorgfalt für den biologischen Anbau aufzuwenden. In Deutschland könnte der Staat Waldaufseher anstellen, die Arbeitslose und solche, die in ihrer Freizeit arbeiten wollen, anleiten, die Gaben der Wälder wieder voll nutzbar zu machen, Beeren, Pilze, Kräuter und vor allem das viele Holz, das heute in unseren Wäldern verfault. Ideal wäre es, wenn jeder neben dem Beruf, in dem er sein Geld verdient, auch seine handwerklichen Fähigkeiten ausbilden würde. So könnte er, in Zusammenarbeit mit anders ausgebildeten Freunden, sein Haus, seine Möbel und seine Kleidung selber herstellen. Wieder eine Senkung der Ausgaben für den Lebensunterhalt! Jetzt käme es nicht mehr so sehr darauf an, im Beruf eine Erfüllung zu finden, weil ja die Freizeitbeschäftigung eine sinnvolle Tätigkeit ist, die das Leben lebenswert macht. Es gibt bereits Schulen, die neben dem Abitur die handwerkliche Ausbildung der Kinder pflegen, und zwar nicht nur als ein Hobby, sondern so weit, dass gleichzeitig mit dem Abitur auch ein handwerklicher Lehrabschluss gemacht werden kann.

Der US-amerikanische Zahnarzt Price wollte wissen, warum er so viele Patienten an Karies behandeln musste. Als er 60 Jahre alt war, gab er seine Praxis auf. Zwölf Jahre lang fuhr er mit seiner Frau in der ganzen Welt herum. Er stellte fest, dass es viele Möglichkeiten der gesunden Ernährung gibt, dass aber, besonders bei den sogenannten unterentwickelten

Völkern, immer das gleiche geschieht, wenn die Ernährung nach Urvätersitte plötzlich aufgegeben wird. Sie ernähren sich durch Sammeln, Jagen und auf einer etwas fortgeschrittenen Stufe auch durch Anbau kombiniert mit Sammeln und Jagen. In dem Moment, wo sie von eindringenden Kolonisatoren beschäftigt werden, können sie nicht mehr sammeln, jagen und anbauen. Sie sind gezwungen, sich von dem zu ernähren, was treffend „Lagerfutter" genannt wird, nämlich von dem, was gelagert werden kann und zum größten Teil importiert wird, Weißmehl, Zucker, Tee, Kaffee, Marmelade, Fleischkonserven, wozu dann noch Alkohol und Tabak kommen. Sie werden schlecht bezahlt, Obst, Gemüse, Nüsse und Samen sind nicht oder nur wenig zu bekommen, weil sie teuer sind oder schlecht gelagert werden. Die Verwendung von Vollkornprodukten ist den Kolonisatoren meist nicht bekannt. Das Verhängnis ist da. Die Folge sind rascher Verfall der Vitalität, und schon in der nächsten Generation zeigen sich Veränderungen, die wieder zu regenerieren Generationen dauern würde.

Bevor ein Mensch krank wird, macht er häufig eine Phase der nervösen Reizbarkeit durch. Er ist noch nicht krank, aber auch nicht mehr gesund. Alle Reize der Umwelt belasten ihn außerordentlich stark. Die meisten Menschen in der sogenannten Zivilisation befinden sich heute in diesem Zustand. Professor Kollath hat dies klar erkannt. Er nennt diesen Zustand die Halbgesundheit. Von ihm ist die Idee, rohes Getreide zu essen, als Schutzfaktor gegen die Schäden, die durch Fehlernährung entstanden sind und noch ständig entstehen, denn auch bei bestem Wissen und Willen ist es unmöglich, allen Giften in Nahrung, Luft und Wasser zu entgehen. Dieselbe Bedeutung kommt der Nuss zu. Alle Samenfrüchte enthalten wertvollstes Fett und Eiweiß, Vitamine, Enzyme, auch Fermente genannt, Mineralien, Spurenelemente und die so genannten Wuchsstoffe oder sekundären Pflanzenstoffe, das sind die noch unerforschten Stoffe, die nicht nur in der Jugend zum Wachstum, sondern auch im Alter zur Zellerneuerung lebensnotwendig sind. Getreidekörner und Nussfrüchte sind unsere natürlichen Konserven, die unmittelbar vor dem Konsum geöffnet und roh verzehrt außerordentlich wertvoll sind. In den letzten Jahren hat man die Bedeutung des rohen Getreides zu sehr in den Vordergrund gestellt und die Bedeutung der Nussfrüchte und Samen, wozu auch Sesam, Leinsamen und Mohn gehören, vernachlässigt.

Kollath hat dies gewusst. Er hat das Getreide in den Vordergrund gestellt, weil es billig ist. Kollath war kein Vegetarier. Wer kein Fleisch isst, kann sich auch Nüsse leisten. Schon 30 Gramm täglich, verteilt auf zwei oder drei Mahlzeiten, bedeuten eine Bereicherung unserer Ernährung. Nicht jedem bekommt rohes Getreide, wenn es im Müsli mit Obst gegessen wird. Nüsse in kleinen Mengen, fein gemahlen, verträgt jeder, wenn die Gesamtfettmenge niedrig genug gehalten und die anderen nicht so natürlichen Fette (Öle, Pflanzenbutter und Butter) eingeschränkt oder ganz weggelassen werden. Dazu gehört allerdings eine gute Nussmühle. Dieses Problem ist technisch noch nicht ganz befriedigend gelöst. Nussmuse sind nicht dasselbe, weil bei der Herstellung Wärme entsteht, deren genaue Höhe schwer kontrollierbar ist (Ausnahme weißes Mandelmus).

Professor Kollath ist 1970 gestorben. Seine Bücher sind sehr interessant, besonders „Mensch und Getreide". Kollath war auch Maler und Musiker. Seine Frau hat ein sehr schönes Buch über ihn geschrieben. Es heißt: „Werner Kollath, Forscher, Arzt und Künstler".

Die Erfahrung hat gezeigt, dass die falsche Ernährung Menschen, die noch gesund auf die Welt kommen, erst nach 20 – 30 Jahren krank macht. Tatsache ist, dass viele junge Menschen im Zustand der Halbgesundheit davonlaufen. Eltern, Lehrer,

Lehrherren und Chefs in Betrieben sind mehr krank als gesund und stellen an die Heranwachsenden Forderungen, denen diese nicht nachkommen können. Sie sind nicht in der Lage, eine Atmosphäre zu schaffen, in der sich junge Menschen wohlfühlen können. Die Jugend ist ratlos und das Sozialgefüge schwer geschädigt.

Eine Mutter von 3 kleinen Kindern sagt mir: „Ich mache mir Sorgen wegen der Kinder. Mein Mann und ich verstehen uns nicht so gut, und er geht viel ins Wirtshaus." Ich antworte: „Ändern Sie die Ernährung!" Sie sagt: „Daran liegt es nicht." Tatsache ist aber, dass ein gut ernährter Mensch weniger Bedürfnis nach Alkohol und Tabak hat, dass eine gut ernährte Mutter besser mit ihren Kindern fertig wird und Meinungsverschiedenheiten in der Ehe gelassener hinnehmen kann. Eine Hausfrau kann auch einen Mann, der Fleisch isst, so ernähren, dass das Verlangen nach Fleisch allmählich geringer wird. Ein Mann ist nach einem Vollwertfrühstück im Betrieb leistungsfähiger. Ein Vater, der auf seine gesunden Kinder stolz sein kann, kommt von sich aus der Ehefrau toleranter entgegen. Ein gut ernährter Mann, den zu Hause gesunde, fröhliche Kinder und eine liebevolle Ehefrau erwarten, geht weniger ins Wirtshaus. Die Ernährung hat so eine soziale Wirkung, die den wenigsten bewusst ist. Dabei ist die Ernährung das Gebiet, auf dem sich jeder sofort umstellen kann mit dem Erfolg, dass er nicht nur gesünder lebt, sondern auch Geld spart. Das einzige Problem ist die Anschaffung einer Getreidemühle, doch kann man zunächst mit einer Haferquetsche für ungefähr 15 Euro anfangen. Junge und gesunde Menschen können auch ganze Körner essen, eingeweicht, gekeimt und auch gekocht. Wer Getreide, Gemüse, Obst und Nüsse als unsere wichtigsten Nahrungsmittel schätzen lernt, ist nicht unbedingt auf die Reformhäuser angewiesen. Man kann wohl im Reformhaus einkaufen, sollte sich aber sehr überlegen, was.

Die teuren Produkte sind für Gesunde überflüssig. Die Reformhäuser sind von der Reformwarenwirtschaft abhängig, die immer mehr Kapseln, Pillen, Säfte und Kurmittel herstellt. Da diese Waren den Kunden durch Werbung bekannt gemacht werden, sind die Reformhäuser mehr oder weniger gezwungen, sie zu führen, weil sie verlangt werden. Zeit, um die Kunden richtig zu beraten, hat man heute in den meisten Reformhäusern nicht mehr.

Fast alle gesund ernährten Menschen sind auch Nichtraucher, und die meisten trinken keinen Alkohol und keinen Bohnenkaffee. Welche Folgen würde es haben, wenn wir alle gesund leben würden? Weltwirtschaftlich gesehen würde der Anbau von Tabak und Kaffee und die Herstellung von Alkoholika zurückgehen. Weintrauben könnten mehr gegessen und mehr zu alkoholfreien Getränken verarbeitet werden. Volkswirtschaftlich gesehen würden Import und Verkauf von Kaffee und Import, Herstellung und Vertrieb von Tabakwaren und Alkoholika zurückgehen. Der Einzelne hätte mehr Geld für andere Güter zur Verfügung. Gleichzeitig würden die gesundheitlichen Belastungen durch Rauchen, Trinken und Kaffee-Konsum weitgehend wegfallen. Das gesundheitliche Niveau der Bevölkerung wäre ein höheres und die Krankenkassenbeiträge wurden wieder sinken. Es würden auf die verschiedenste Weise Menschen im Arbeitsprozess freigesetzt, für die andere Arbeiten gefunden werden müssten und könnten. Denken wir daran, dass Vegetarier umweltbewusst leben und nicht so viel Auto fahren. In Deutschland hat heute jeder 7. einen Arbeitsplatz, der mit der Herstellung, dem Vertrieb und den Reparaturen von Kraftfahrzeugen zusammenhängt.

Auch im Familienleben hat diese Umstellung eine große Bedeutung, vor allem für die Kinder. Denken wir an die Störungen des Familienlebens durch Trunksucht, welche die Mittel für die Familie knapp werden lässt und an die Störungen durch den Zwang zum passiven Mitrauchen. Denken wir auch an die Unstimmigkeiten, wenn einer der Partner raucht oder trinkt und der andere dagegen ist. In einem vegetarischen Volk würden wieder mehr Kinder zur Welt kommen. Trinken, Rauchen und übermäßiger Kaffeegenuss sind Angewohnheiten, die dem Willen zur Aufzucht von Kindern nicht förderlich sind, auch weil sie viel Geld kosten. Die gesundheitlichen Schäden, mit denen Kinder von Rauchern und Trinkern auf die Welt kommen, belasten die Volkswirtschaft. Außerdem weiß man, dass die Hälfte der kinderlosen Ehen ungewollt kinderlos ist. Dies kann mit dem Vitamin-E-Mangel zusammenhängen, der überall dort zu befürchten ist, wo der Getreidekeim beim Mahlen entfernt wird. Die Engländerin Miss Bruce, deren Buch „Gartenglück durch Schnellkompost" viele von Ihnen kennen werden, hat den Zusammenhang zwischen Konsum von Broten aus nicht voll ausgemahlenen Mehlen und Rückgang der Bevölkerung erkannt und war überzeugt, dass diese Erkenntnisse von den Regierungen in entsprechenden Gesetzen berücksichtigt werden würden. Das Entfernen des Vitamin-E-haltigen Weizenkeims aus dem Mehl ist aber auch heute noch überall erlaubt.

In Berichten über Gerichtsverfahren gegen Verbrecher erfährt man etwas über die Kindheit dieser armen Menschen. Häufig stammen sie aus einem so genannten asozialen Milieu, ihre Eltern waren nicht in der Lage, sie mit liebevoller Sorgfalt aufzuziehen, diese Eltern sind häufig schon in der 2. oder 3. Generation ernährungsgeschädigt. In London z. B. sind sie Nachfahren jener Menschen, über die Jack London in seinem Buch „In den Slums" berichtet. Er hat 1911 eine Zeit lang unter ihnen gelebt. Wer das Buch nicht gelesen hat, hält es nicht für möglich, dass es hier, mitten im Europa des 20.Jahrhunderts, kurz vor dem 1. Weltkrieg eine solche Not und echten Hunger als Dauerzustand gegeben hat. Wenn es möglich wäre, das

Wissen über die gesunde Ernährung durch die Schulen unter den Menschen zu verbreiten, so wäre das für die Allerärmsten die größte Hilfe, denn die gesunde Ernährung kann sehr billig sein. Denken wir z. B. an die römischen Legionäre, die sich hauptsächlich von 750 g Weizen und etwas Zwiebeln täglich ernährten und so jahrelang Krieg führten. Eine Änderung der Ernährungsgewohnheiten der untersten Schichten würde zu einer besseren Gesundheit und dadurch auch zu einer verbesserten Familiensituation führen. Wir hätten dann weniger Verbrecher, Trinker, Psychopathen und Terroristen.

Was möglich ist, möchte ich an einem Beispiel zeigen: Wie Jack London berichtet, sah die Ernährung in einem Londoner Blindenheim 1911 folgendermaßen aus: „Frühstück: 3/8 Liter Grütze und trockenes Brot, mittags: 3 Unzen Fleisch (das sind 85 Gramm), 1 Scheibe Brot, 1/2 Pfund Kartoffeln, abends: 3/8 Liter Grütze und trockenes Brot." Wenn man statt des Brotes Vollkornbrei gegeben hätte, so hätte man mehr geben können, denn unbehandeltes Getreide ist billiger als Brot. Statt des Fleisches hätte man Salat, Kräuter und Gemüse kaufen können. Getreide und Grünzeug ergänzen sich zu vollwertigem Eiweiß. Ideal wäre es gewesen, wenn das Geld noch für täglich 1 Apfel und 3 Nüsse gereicht hätte. Wir wissen, dass Gesundheit bei sehr knapper Kost möglich ist. Dr. Ralph Bircher hat immer wieder von Völkern berichtet, die nach unseren Begriffen zeitweise, wenn nicht immer, hungern, die aber bei ihrer äußerst knappen, einfachen Kost gesund sind. Es ist daher denkbar, dass die Mittel des Blindenheims für eine gesunde vegetarische Kost gereicht hätten.

Sie werden vielleicht fragen, warum ich nicht versuche, Milch in den Ernährungsvorschlag zu bringen. Es wäre aus gesundheitlichen und ethischen Gründen besser, wenn die Menschen lernen würden, ohne Milch auszukommen. Informationen dazu bei K. A. Höppl „Laktovegetarismus als Endstation der

Ernährungsreform" und „Die gehörnte Amme". Wenn ich Ihnen hier Literatur nenne, die nur in deutsch erschienen ist, so könnte dies eine Anregung sein, sie auch in andere Sprachen zu übersetzen. Albert von Haller „Macht und Geheimnis der Nahrung" ist in englisch erschienen, aber vergriffen.

Wenn Sie mich fragen, welche Ernährung ich für die beste halte, so kann ich nur mit Werner Kollath sagen: „Lasst die Nahrung so natürlich wie möglich!" Dabei sind die individuellen Bedürfnisse des Einzelnen zu berücksichtigen. Auch sollten die Menschen mehr als bisher von dem leben, was da wächst, wo sie wohnen.

Den Vegetariern wird häufig vorgeworfen, dass sie zu wenig aktiv sind. Wir müssen unsere friedlichere und daher in gewisser Weise auch passivere Einstellung von beiden Seiten aus sehen. Tolstoi hat gesagt: „Wenn alle Menschen Vegetarier wären, gäbe es keine Kriege." Ähnliches haben schon die alten Griechen gesagt. Was geschieht heute in aller Welt? Kriege werden entfesselt, einerseits durch den Kapitalismus, Hersteller von Waffen wollen verdienen. Andererseits werden Ideologien mit Gewalt in andere Länder getragen. Die Mächtigen missbrauchen die Schwachen und diejenigen, die den Schwachen helfen wollen, können es nicht, weil ihnen dazu das Wissen oder die pädagogische Begabung fehlt. Was geschah z. B. in der Sahel-Zone? Erst haben Entwicklungshelfer Brunnen gebaut, dann konnten die Afrikaner mehr Vieh halten, das z.T. nur Statussymbol ist. Das Land wurde nun überweidet, und die Wüste dehnte sich aus. Trockene Jahre brachten Hungersnot.

Von allen Seiten wurde geholfen, aber wie? Das den Hungernden gelieferte Getreide war nur 60 % von dem, was sie gebraucht hätten, um allen das Leben zu erhalten. Warum? Die Helfer, vor allem US-Amerika als größtes Getreideüberschussland, hätten ihren Fleischkonsum einschränken müssen, um mehr geben zu können. Sie importieren zu diesem

Zweck auch Sojabohnen aus Indien und geben ihren Haustieren Sojaprodukte; sie importieren aus Südamerika Trockenfische und geben ihren Haustieren Fischmehl. Besser wäre es, wenn sie auf Fleisch verzichten würden. Sojaprodukte und Fische könnten dann in den Entwicklungsländern bleiben und Getreideüberschüsse würden es möglich machen, dass trotz Überbevölkerung alle satt werden. Ja, es wäre nicht mehr nötig, für die Hungernden Fische zu fangen, die dabei elend ersticken müssen. Statt dessen wird mit den Kühen außer dem beliebten Fleisch auch die weniger beliebte Milch produziert. Sie stellen daraus Milchpulver her, das sie dann wieder exportieren. Die Firma Nestle hat mit Hilfe dazu angestellter Milchschwestern Eingeborene in Afrika und anderswo dazu gebracht, nicht zu stillen, sondern die Flasche zu geben. Da hierfür die hygienischen Voraussetzungen fehlten, sind viele Babys krank geworden und gestorben. Außerdem ist während der bei den Eingeborenen mehrere Jahre dauernden Stillzeit die Geburt eines folgenden Kindes selten. Durch die künstliche Ernährung stieg die Kinderzahl, weil die Kinder rascher aufeinander folgten. Mutter und Kind sind unterernährt, und es wird von Eiweißmangel gesprochen. Tatsache ist aber, dass es sich im Ganzen um eine zu knappe Ernährung handelt, weil zu wenig Geld da ist und die Flaschenkinder teuer und schlecht ernährt werden. Nur das mit Muttermilch ernährte Baby bringt alle Voraussetzungen für die volle Gesundheit mit. Professor Mommsen sagt: „Den mit Milchpulver ernährten Kindern fehlt der Charme." Tatsächlich finden wir das, was man Charme nennt, heute mehr bei älteren als bei jungen Menschen.

Wer auf dem richtigen Weg ist, hat die Pflicht, anderen zu helfen. Er muss den Mut haben zu sagen, dass und warum er Vegetarier ist. Er muss den Mut haben, in jeder Gaststätte, die er aufsucht, nach vegetarischer Vollwertkost zu fragen. Wie können die Leute sich nach Wünschen richten, die sie gar nicht kennen?

Bei natürlicher Lebensweise werden die Menschen gesund alt, leben länger und können länger arbeiten. Bei höherem Lebensalter und längerer Arbeitszeit könnte auch die Schul- und Ausbildungszeit verlängert werden. Statt dessen werden heute Kinder in den industriellen Fertigungsprozess eingegliedert, und wir wundern uns, wenn sie versagen. Bei natürlicher Lebensweise könnten wir von Weisen beraten werden und hätten andere Führungskräfte, als das heute der Fall ist.

1952 gaben die Krankenkassen in der BRD pro Mitglied und Jahr 2,50 DM aus, 1976 1125,- DM (aus 'Wendepunkt', November 1977). Wenn man weiß, dass schwere und schwerste Krankheiten durch eine Ernährungsumstellung geheilt werden können, erhellt schon daher die Bedeutung der Ernährung als Sozialfaktor.

Die Beispiele für den Zusammenhang zwischen Ernährung und den sozialen Verhältnissen ließen sich noch weiter fortführen. Bitte sagen Sie nicht: Ach, mit meiner Ernährung möchte ich mich nicht so viel befassen, sondern bitte erkennen Sie die Ernährung als wesentliche Grundlage unseres Seins als Wesen mit Körper, Seele und Geist.

Ernährung und Welthandel aus christlicher Sicht –

Vortrag Lindenhof, Nazoräer, Juli 1984

Nach Christi Tod wurde sein Bruder Jakobus, der Gerechte, Führer der Christen in Jerusalem. Ihm folgte, von den Aposteln einstimmig gewählt, Simeon, ein Vetter von Christus und Jakobus. Jakobus und Simeon waren Vegetarier. Das steht in der Kirchengeschichte des Euseb und ist eine historische Tatsache, d. h. es wird von niemand angezweifelt. (Cloß, August, Eusebius Kirchengeschichte, Stuttgart 1839, zum ersten Mal vollständig übersetzt). Von Jakobus heißt es dort: Er war Vegetarier vom Mutterleib an.

Der anthroposophische Theologe Emil Bock hat über das Urchristentum 3 Bücher geschrieben, in denen er Näheres über Maria berichtet. Sie wurde als dreijähriges Kind zur Erziehung in den Tempel gegeben und hat dort ohne Fleisch gelebt, wie es vermutlich schon in ihrem Elternhaus der Fall war.

Um das zu verstehen, müssen wir mehr wissen über die vegetarischen Sekten in Palästina.

Die ersten Judenchristen wurden Nazoräer oder Ebioniten genannt. Nazoräer nach Christus dem Nazoräer; Ebioniten, weil sie freiwillig arm waren. Sie lebten so einfach und bescheiden wie möglich. Fleisch und Alkohol wurden gemieden.

Alles, was wir über Christi Familie erfahren, Marias Erziehung im Tempel, Jakobus und Simeons Enthaltsamkeit von Fleisch und Alkohol und schließlich Christus außergewöhnliche Aufgabe lassen den Schluss zu, dass die heilige Familie bereits zu den um ein Gott wohlgefälliges Leben bemühten Essäern gehörte, bevor Christus berufen wurde, der Welt als Sohn Gottes den Weg der Erlösung zu zeigen.

Auch ein Wort Christi aus dem Lukas-Evangelium macht auf den Zusammenhang zwischen Christen und Essäern aufmerksam. „Er sprach zu ihnen: Siehe, wenn ihr hineinkommt in die Stadt, wird euch ein Mensch begegnen, der trägt einen Wasserkrug; folget ihm nach in das Haus, da er hineingeht." Was soll das heißen, ein Mensch mit einem Wasserkrug? Es gab doch ständig Menschen, die am Brunnen Wasser holten. Hier liegt ein Übersetzungsfehler vor, gemeint ist ein Mann. Die Juden sandten ihre Frauen zum Brunnen, die Essäer ihre Männer. Jesus wollte, dass seine Jünger in das Haus einer Essäerfamilie gingen.

Wie kommt es, dass wir theologischen Laien so vieles gar nicht wissen, was doch außerordentlich wichtig ist? Wer weiß denn schon, dass Jesus vier Brüder und zwei Schwestern hatte? Wer weiß etwas über das Leben seiner Mutter Maria, bevor sie seine Mutter wurde? Hierzu wären noch viele Fragen möglich. Man muss wissen, was unter Konstantin dem Großen im 4. Jahrhundert nach Christus geschah. Konstantin machte das Christentum zu seiner Staatsreligion, aber er übernahm nur, was ihm passte.

Es wurde im Jahre 325 das Konzil zu Nicäa einberufen, und es wurden dort Bibelkorrektoren eingesetzt. Was sie korrigiert haben, kann man heute nicht mehr genau feststellen. Sicher ist folgendes: damals wurden durch die Korrektoren Evangelien vernichtet. Es war einfacher, sich auf vier Evangelien zu beschränken. Andere Evangelien wurden von den Christen vor den Bibelkorrektoren versteckt. Man hat davon Bruchstücke gefunden. Daher wissen wir mehr, als in der Bibel steht. Es gibt aber auch Täuschungen, dazu sollen gehören „Das Evangelium des vollkommenen Lebens" und der „Essäerbrief". Brauchbare Quellen sind Bock „Urchristentum Bd. I, II und III" und „Neutestamentliche Apokryphen", herausgegeben von Hennecke.

Wir wissen nicht genau, wie die Bibel korrigiert wurde. Aber wir wissen, dass große Männer gern gut leben, heute wie früher, und wir wissen, dass das Fleisch die Krönung des Mahles für sie bedeutet, heute wie früher. Wir wissen, dass Landbesitz mit Rinderzucht gute Steuern einbringen kann. Es ist daher naheliegend, anzunehmen, dass die Bibelkorrektoren alle Stellen geändert haben, in denen von der fleischlosen und alkoholabstinenten Lebensweise der Christen die Rede war.

So nimmt Skriver in seinem Buch „Die Lebensweise Jesu und der ersten Christen" an, dass es sich bei der Speisung der 5000 nicht um Fische, sondern um Melonen gehandelt habe, und dass der Wein bei der Hochzeit von Kanaan kein Wein, sondern der in Palästina übliche mit Wasser verdünnte Traubensirup war. Nun werden Sie noch fragen, wie es denn mit dem Osterlamm war, das Christus gegessen haben soll?

Die Lämmer wurden am Karfreitag-Nachmittag in den Tempel gebracht und dort geschlachtet, um am Abend gegessen zu werden. Da war Christus bereits am Kreuz gestorben.

Interessanterweise berichten die 3 synoptischen Evangelien, Christus hätte das Osterlamm gegessen und das 4., das Evangelium des Johannes, berichtet nichts vom Osterlamm. Die 3 Evangelien werden synoptisch bzw. ihre Verfasser die Synoptiker genannt, weil sie zum Teil das gleiche berichten. Man nimmt an, dass das Markus-Evangelium zuerst da war und Lukas und Matthäus es kannten.

Zu diesem Themenkreis wäre noch vieles zu fragen und zu sagen. Ich möchte mich jetzt aber einer anderen, für uns, so glaube ich, wichtigeren Frage zuwenden. Was würde Christus essen, wenn er heute leben würde?

Hunger durch Überfluss

Ich war hungrig, und ihr habt meine Nahrungsmittel eurem Vieh gegeben.

Ich war hungrig, und eure Konzerne pflanzten auf meinen besten Böden eure Wintertomaten.

Ich war hungrig, und ihr wolltet nicht auf das Steak aus Südamerika verzichten.

Ich war hungrig, aber wo Reis für meine tägliche Mahlzeit wachsen könnte, wird Tee für euch angebaut.

Ich war hungrig, aber ihr habt aus Zuckerrohr und Maniok Treibstoff für eure Autos destilliert.

Ich war hungrig, aber die Abwässer eurer Fabriken vergifteten die Fischgründe.

Ich war hungrig, aber mit eurem Geld habt ihr mir die Lebensmittel weggekauft.

Ich war hungrig, aber für eure Schlemmer werden exotische Früchte auf meinem Land angebaut.

Ich war hungrig, aber ihr habt mir nicht zu essen gegeben!
Text (nach Matthäus 25,42) zum Jahresthema „Brot für die Welt 1981/82" aus „Der Überblick 3/81".

„Ein Drittel der Menschheit, ca. 2,2 Milliarden Menschen, legt sich Tag für Tag hungrig zur Ruhe. Ein weiteres Drittel wird nicht jeden Tag satt. Und täglich sterben Hunderttausende an den Folgen der Unterernährung." (Renzenbrink, Udo „Der große Hunger" in Ernährungsrundbrief 40/1981). Vom restlichen Drittel leiden mehr als 90 % an den Folgen einer Mangelernährung, man nennt das unechten Hunger, weil ihre Nahrung durch Verfeinerung (Weißmehl, Zucker) arm an wichtigen Vitaminen, Mineralien und Spurenelementen ist. Sie haben trotz reichlicher Nahrung ständig Hunger und essen sich dick und krank.

Wenn Christus heute lebte, wüsste er vom Welthunger, und er würde alles tun, um nicht schuldig zu werden. Er würde die Menschen lehren, sich so zu verhalten, dass niemand zu hungern bräuchte.

Wenn die Fleischesser ihren Fleischkonsum auf die Hälfte reduzierten, könnten alle satt werden. Bald aber wird das nur noch möglich sein, wenn wir auf alle Produkte vom Tier einschließlich der Milchprodukte verzichten; denn die Weltbevölkerung wächst rasch. Da wir aber nicht so rasch alle Menschen zur Änderung ihrer Essgewohnheiten bekehren können, ist es gut, wenn Menschen, die um die Situation wissen und die sich für ihre Mitmenschen verantwortlich fühlen, schon heute auf alle tierischen Produkte verzichten.

Die Nazoräer, ein Orden, der sich um echtes Christentum bemüht, sind fest davon überzeugt, dass das christliche Gebot des Nichttötens auch für die Tiere gilt. Wir sehen in Deutschland nicht viel von Kälbern, weil die Bauern sie gleich nach der Geburt von der Mutter fortnehmen und meistens in einen engen Stall sperren; denn je weniger Bewegung, desto rascher wird das Kalb fett. Bei subventionierten Milchpreisen bemühen sich die Bauern, so viel Milch wie möglich zu produzieren. Durch das Überangebot wird nicht alle Milch abgesetzt, es wird dann Milchpulver daraus hergestellt, das mit Steuermitteln verbilligt wird, und dann bekommt das Kalb schließlich statt der Milch seiner Mutter Milchpulver.

Wenn man Fleischesser fragt, was sie machen würden, wenn sie ihr Kalb selber schlachten müssten, sagen die meisten, sie würden auf das Fleisch verzichten. Sie zwingen also den Metzger, diese böse Arbeit für sie zu tun. Psychotherapeuten berichten, dass Metzger besonders stark an Schuldgefühlen leiden.

Ist nach der Geburt des Kalbes ein Jahr vergangen, so lässt die Milchleistung der Mutterkuh nach. Damit sie ständig viel Milch gibt, wird sie rechtzeitig wieder gedeckt und das erste

Kalb wandert zum Metzger, damit im Stall wieder Platz wird. So macht sich auch der Milchtrinker schuldig. Auch wenn wir nur Milchprodukte essen, müssen Tiere geschlachtet werden. Eine Ernährung ohne tierische Produkte ist auch aus gesundheitlichen Gründen vorzuziehen. Professor Lothar Wendt, emeritierter ordentlicher Professor der Medizin und Facharzt für Inneres in Frankfurt, hat über die Schäden durch tierisches Eiweiß, wozu er auch die Milch rechnet, mehrere Bücher geschrieben. Er fand heraus, dass ein Viertel der Menschen das tierische Eiweiß so schlecht verträgt, dass es besser wäre, sie würden Veganer. Die Hälfte der Menschen vertragen das tierische Eiweiß in mäßigen Mengen einigermaßen und nur 1/4 verträgt es gut. Bis Ernährungsschäden sich auf die Gesundheit auswirken, das kann 20, 30, ja sogar 40 Jahre dauern. Da niemand weiß, zu welcher Gruppe er gehört, ist es am klügsten, auch aus diesem Grund auf das tierische Eiweiß zu verzichten.

Würde Christus heute leben, so wäre er den Menschen auch in seinen Essgewohnheiten ein Vorbild, und er würde weder Fleisch noch Milchprodukte essen.

Der Welternährungsexperte Prof. Dr. med. Rene Dumont hat 1974 erklärt: „Mit der Fleischgewinnung verfüttern wir jährlich 400 Mio Tonnen Getreide, womit 2 Milliarden Menschen in den Hungerländern ein Jahr lang ernährt werden könnten. 78 % der Getreideernte wird an Tiere verfüttert, wobei 20 Millionen Tonnen Eiweiß den Menschen entzogen werden. Den Fleischbestand um die Hälfte zu vermindern, würde genug Kalorien erübrigen, um das Kaloriendefizit der Entwicklungsländer 4-fach zu decken. Mit unserer derzeitigen Fleischkost sind wir in Anbetracht der hungersterbenden Massen zu Kannibalen geworden." Zitiert nach Dr. Ralph Bircher „Gesünder durch weniger Eiweiß". Inzwischen sind 20 Jahre vergangen, und das Hungerelend in der Dritten Welt ist nicht besser geworden.

Einen christlichen Welthandel kann man heute nur als Utopie bezeichnen. Hat es denn dann einen Sinn, darüber nachzudenken? Skriver schreibt im letzten Abschnitt seines Buches „Die Lebensweise Jesu und der ersten Christen": „Nazoräischer Glaube ist der Glaube, der aktiv die Welt überwindet. Er ist keine Weltflucht und keine Kapitulation vor der Welt. Er ist die größte Utopie, die von Menschen erdacht wurde, die Synthese von Realismus und Idealismus, die letzte ethische Schlussfolgerung aus aller Logik und Gerechtigkeit."

Es hat einen Sinn, sich einen christlichen Welthandel als Alternative zu den trostlosen heutigen Zuständen vorzustellen. Noch nie sind die dämonischen Kräfte so stark gewesen wie heute, aber auch die guten Kräfte regen sich an allen Orten.

Bis vor 60 Jahren lebten indische Yogis mit Vorliebe an abgelegenen Orten, und es war nicht leicht, sie zu finden. Nicht Geltungsbedürfnis, sondern der Wunsch zu helfen, ließ sie die heimatlichen Wälder und Berge verlassen, um den unglücklichen Reichen zu helfen.

Rudolf Steiner hat vorausgesagt, Katastrophen über Katastrophen werden kommen. Das Zeitalter der Katastrophen hat schon begonnen. Niemand kann sich die Zukunft vorstellen. Vielleicht werden nur wenige überleben und vielleicht werden sie dann eine andere Moral und eine ethisch einwandfreie Auffassung von unserer Aufgabe haben, wobei das letzte Ziel trotz allem eine Utopie bleiben wird. Ein Paradies auf Erden ist nicht möglich.

Nichts, was wir heute denken, geht verloren, und in diesem Sinne wollen wir den Welthandel als Aufgabe für uns Christen betrachten.

Während der Hungersnot in der Sahelzone wurden von dort Erdnüsse und Getreide exportiert. Die Regierenden haben versagt. Sie hätten alle verfügbaren Lebensmittel aufkaufen und verteilen müssen. Es war aber einfacher, geschenkten Weizen an die Hungernden zu verteilen, wobei auch diese Aufgabe nur sehr schlecht gelöst wurde. Die US-Amerikaner wollten nur ihren Überschuss loswerden und waren so großzügig, ihn zu verschenken. Das reichte aber nicht und viele verhungerten. Hätten die reichen US-Amerikaner mehr gegeben, so wäre nicht mehr genug Getreide zur Fütterung der Haustiere da gewesen, und der Fleischkonsum hätte eingeschränkt werden müssen.

Terre des hommes zeigt an zwei Beispielen die Einstellung der Reichen zu den Armen: „Aus Peru, einem Land, wo die Mehrheit der Menschen an schwerem Eiweißmangel leidet, importierte die Bundesrepublik Deutschland Futtermittel (ohne Getreide) für 43 Millionen DM (1977); dazu Fische und Fischkonserven für 2,8 Millionen DM. Aus Indien, einem Land, in dem Unterernährung und Hunger chronisch sind, importierte die Bundesrepublik 1977 hochwertige Futtermittel (ohne Getreide) für 53 Millionen DM." Südamerika exportiert den größten Teil der dort wachsenden Sojaprodukte. Indien exportiert den größten Teil der dort wachsenden Kokosnüsse.

Weil die Milchproduktion in Deutschland subventioniert wird, liefern die Bauern mehr Milch als getrunken wird, und es wird davon Milchpulver gemacht, das teils der Kälberzucht dient, teils an Hungernde verschenkt, teils mit nicht immer christlichem Geschäftsgebaren verkauft wird. Auch das Verschenken von Milchpulver in der Dritten Welt ist gefährlich. Warum? Babys haben ein Verdauungsferment, die Lactase, zur Aufschließung der Muttermilch. Hört das Baby auf, bei der Mutter zu trinken, so bedeutet das bei noch natürlich lebenden Völkern auch das Ende des Milchkonsums und das Ferment Lactase kann möglicherweise später nicht mehr gebildet werden. Es kann zu Verdauungsschwierigkeiten mit Durchfällen kommen.

Die Staaten der 3. Welt bilden Schwestern aus, damit sie

soziale Aufgaben übernehmen können. Die Firma Nestle hat solche Schwestern angestellt, um sie so arbeiten zu lassen, dass die Leute geglaubt haben, die Ratschläge der sogenannten „Milchschwestern" seien amtliche Gesundheitsempfehlungen, während sie nur dem besseren Absatz von Nestle-Milchprodukten dienen sollten. Auf Anraten der Milchschwestern kauften die Mütter Babyflaschen und Milchpulver und stellten das Stillen ein. Nun geschah folgendes:

In der 3. Welt ist das Feuerungsmaterial knapp und teuer. Es wird meist nur einmal am Tag gegessen, und es kann nicht vor jeder Mahlzeit des Babys die Flasche steril gemacht werden. Reichte das Geld nicht, so wurde dem Baby mehr Wasser und weniger Milchpulver, im Extremfall nur Wasser gegeben. Viele Babys wurden krank und starben. In der Stillzeit ist die Empfängnisbereitschaft herabgesetzt. Wurden die Kinder 3 Jahre und mehr gestillt, so empfingen die meisten Frauen in dieser Zeit kein weiteres Baby. Nun aber folgten die Geburten rasch und das Elend war da.

Die Produktion von Muttermilch bei einer Kost, die z. B. hauptsächlich aus Mais und Bohnen (in Südamerika) oder Reis und Erbsen (in Indien) oder Reis und Sojabohnen (in Indonesien) besteht, ist eine ökonomische Leistung der Stillenden. Jetzt muss der Muttermilchersatz teuer importiert werden.

Wie könnten wir uns einen christlichen Welthandel vorstellen? Der Boden ist kein vermehrbares Gut. Mit dem Steigen der Bevölkerung hat der Einzelne immer weniger davon und kein Geld für Dünger oder Maschinen. Kommen Schwierigkeiten, wie schlechte Ernten, so muss er schließlich sein Land verlassen und wird städtischer Slumbewohner. Die verlassenen Böden gelangen schließlich in die Hände von Großgrundbesitzern, und der Arme hat Glück, wenn er als Saisonarbeiter in großen Monokulturen, die für den Export anbauen, einen Hungerlohn bekommen kann.

So sieht es in der 3. Welt aus. In den wohlhabenden Ländern wird die Landwirtschaft subventioniert und die Bauern wenden immer grausamere Methoden der Massentierhaltung, um ihre Einnahmen zu steigern.

Die Voraussetzungen für einen christlichen Welthandel sind:

1. Aufhebung des Eigentums an Grund und Boden.
2. Unterstützung der den Boden bearbeitenden Bevölkerung durch unentgeltliche Beratung durch Kirche oder Staat (Beispiel in USA).
3. Genossenschaftlicher Zusammenschluss der das Land Bearbeitenden, gemeinsame Maschinen, genossenschaftlicher Einkauf und Absatz der Produkte.
4. Abschaffung oder starke Reduzierung des Zinses. Heute haben die Notenbanken die Möglichkeit, die Geldmenge zu vergrößern oder einzuschränken, meist in Zusammenhang mit den Regierungen. Das heißt: Geld regiert die Welt.

Nur wenn wieder sehr viel mehr Menschen überall in der Welt Land bearbeiten und Überschüsse genossenschaftlich vermarktet werden, ist ein christlicher Welthandel möglich.

Dies ist auch für unsere Ernährung in Europa und den USA außerordentlich wichtig. Wenn statt der Milchwirtschaft mehr Getreide, Kartoffeln, Gemüse, Obst und nicht zuletzt Nüsse angebaut würden, wäre weniger Import nötig. Jeder sollte in irgendeiner Form den Kontakt zur Mutter Erde wiedergewinnen und in der Freizeit oder im Urlaub oder halbtags als Hobbygärtner tätig sein. Auch Balkongärten sind interessant.

Lebensmittel über weite Strecken zu transportieren ist schlecht, weil teuer, energieverbrauchend und die Lebensmittel durch Abgase belastend.

Über den Welthandel mit Industriegütern sollte eine internationale Weltorganisation entscheiden. Jedes Land sollte überlegen, was es exportieren will und kann, ohne die Nahrungsgrundlage zu gefährden. Der christliche Welthandel beginnt beim christlichen Konsum.

Es wird eine Zeit kommen, wo derjenige, der – wenn überhaupt – nur einmal in seinem leben einen Mantel kauft, der Angesehendste ist. So, wie heute produziert wird, belastet jeder Konsum unsere noch immer schöne Welt. Das Problem der Arbeitslosigkeit ist nicht durch Verstärkung der Industrie, sondern nur durch mehr Handarbeit als Bauer, Gärtner, Schäfer und Handwerker zu lösen. Diese Tätigkeiten machen den Menschen gesund und glücklich. Sehr wichtig ist die Beschränkung der Kinderzahl. Unsere Erde ist übervölkert.

Früher bestand der Welthandel darin, dass Waren, die es nur in bestimmten Gegenden gab, ausgetauscht wurden. Heute sucht sich die Industrie Gegenden mit billigem Land und billigen Arbeitern ohne Rücksicht auf die erforderlichen Transporte von Rohmaterial und Fertigprodukten, solange das nicht zu teuer wird.

„Wie zynisch man bisweilen vorgeht, zeigt die Aussage des Aufsichtsrates der amerikanischen Firma 'International Flavor and Fragances': Er sagt, 'Häufig können wir in Entwicklungsländern feststellen, dass der kleine Luxus einer Limonade mit künstlichem Geschmack oder einer aromatischen Zigarette um so wichtiger ist, je schlechter die wirtschaftlichen Aussichten sind. Das passt vielleicht vielen „Möchtegern-Wohltätern" nicht, doch je ärmer die Unterernährten sind, desto eher geben sie einen unverhältnismäßig großen Anteil ihrer Mittel für ein bisschen Luxus und nicht für das aus, was sie brauchen. Man muss beobachten, studieren, lernen, wie man in einer Agrargesellschaft verkaufen kann. Wir vom I. F. F. versuchen es. Für uns scheint es sich zu lohnen. Vielleicht lohnt es sich auch für Sie." Aus Überernährung – Unterernährung. Zur Krisis der Welternährung, Materialdienst der evang. Akademie, Bad Boll,

Nr.16/78, zitiert nach Renzenbrink, Udo „Der große Hunger'
in Ernährungsrundbrief des Arbeitskreises für Ernährungsforschung, 7263 Bad Liebenzell, Nr. 40/1981.

Die Tatsache, dass viele ältere Pflanzenköstler in aller Welt
bei einer einfachen Kost, überwiegend aus heimischen Lebensmitteln, bei guter Gesundheit sind, lässt uns vermuten, dass
ihre Ernährung in Ordnung ist und durch die richtige Kombination der Lebensmittel eine ausreichende Ergänzung der
begrenzten Aminosäuren entsteht.

Auch die Pflanzenkost kann eine gute oder eine schlechte
sein. Wer sich nicht ganz vom Zucker und von den nicht voll
ausgemahlenen Getreideprodukten trennen kann und nicht regelmäßig, am besten zu jeder Mahlzeit, einen Teil der Nahrung
roh isst, muss dafür früher oder später leiden. Beispiele von
gesunden alten Menschen, die sich nicht richtig ernähren, sind
kein Gegenbeweis. Diese wären bei einer gesunden Nahrung
noch gesünder und würden noch länger frei von Krankheiten
leben. Früher waren die Alten auf dem Land häufig bis zuletzt
tätig. Es gibt auch Menschen, die trotz bester Ernährung immer kränkeln. Hier können seelische Ursachen oder andere
Belastungen eine Rolle spielen. Eine einseitige Beschäftigung
mit der Nahrung ohne genügend Bewegung und frische Luft
reicht nicht aus, um einen Menschen lange gesund zu erhalten.
Auch eine Kleidung mit Chemiefasern kann krank machen.
Den Belastungen durch Wasser und Luft können wir uns
kaum entziehen.

Wichtig ist die seelische Haltung beim Essen. Ein Spruch
oder ein Gebet sollte uns vor dem Essen einstimmen. Wer in
Eile ist, sollte lieber auf eine Mahlzeit verzichten, als in Hast
zu essen.

Bei der rein pflanzlichen Nahrung kann ein Problem auf-
tauchen, der Vitamin-B-12-Mangel, der aber auch bei Fleischessern vorkommt. Die Ursachen sind noch nicht ausreichend

erforscht. Möglich wäre, dass viele Menschen zu spät Pflanzenköstler werden und ihr Körper nicht mehr lernt, das B 12 der pflanzlichen Nahrung auszuwerten. Außerdem kann es an unserer zu guten Hygiene liegen; die Erdteilchen an den nur schwer zu säubernden Blättern des Beinwell oder der Petersilie z. B. enthalten B 12. Weitere B-12-Quellen sind der Seetang und die milchsauer vergorenen Gemüse, z. B. das Sauerkraut. Auch Sprossen, z.b. gekeimtes Getreide und gekeimte Hülsenfrüchte enthalten B 12. Es wäre gut, wenn das Buch von Viktoras Kulvinskas „Sprout for the love of everybody" auch im deutschsprachigen Raum bekannt würde. Ich möchte annehmen, dass niemand an B-12-Mangel leiden wird, der regelmäßig gekeimte Samen isst.

Die Ernährungswissenschaft ist eine junge Wissenschaft, und es ist noch vieles unerforscht. Z.B. werden immer noch neue Vitamine gefunden. Wir wissen, dass rohes Eiweiß nicht mit erhitztem gleichzusetzen ist und man vom rohen Eiweiß weniger braucht. Wir wissen um die Bedeutung der nur in der unerhitzten Nahrung vorkommenden Enzyme.

Ein großer Teil der Anbauflächen in aller Welt wird vergeudet, weil Pflanzen angebaut werden, die zu schädlichen Produkten verarbeitet werden. Dazu gehören nicht nur die Rauschgiftpflanzen, Kaffee-, Kakao-, Tee- und Tabakpflanzen sowie die Weinreben, sondern auch das Getreide. Mehr als 90 % der in einem Bäckerladen verkauften Backwaren sind aus nicht voll ausgemahlenem Getreide. Schädlich sind alle Produkte, die mit viel Chemie aus Zuckerrohr und Zuckerrüben hergestellt werden, auch der Fruchtzucker, meist aus Mais hergestellt. Fleisch ist nur dann weniger gesundheitsschädlich, wenn es von entsprechenden Menschentypen fettarm und von natürlich gehaltenen Tieren gegessen wird und wenn dabei das Wissen um das Tun fehlt. Wer weiß, dass die Tiere gequält werden und dass dem Bruder in der 3.Welt die Nahrungsbasis entzogen wird, kann Fleisch nur noch mit schlechtem Gewissen essen, und das macht krank.

Der Kaffeestrauch ist eine frostempfindliche Pflanze, und die Kaffeepreise sind je nach Erntemenge starken Schwankungen unterworfen, was die Pflanzer in Not bringen kann. Trotzdem wird in hochgelegenen frostgefährdeten Waldgebieten Brasiliens Kaffee angebaut auf Böden, die für Sojabohnen geeignet wären.

Nördlich von Kalkutta gibt es Monokulturen, die so mit Chemikalien verseucht sind, dass der Monsunregen die Gifte in das Trinkwasser der umliegenden Bauern schwemmt, so dass Tag für Tag zwei Leute ganztägig mit dem Boot unterwegs sein müssen, um von weit her Trinkwasser zu holen. In Bangladesch finden wir auf Böden, die von verzweifelten Bauern verlassen wurden, Jutemonokulturen.

In Südamerika wird Mais im Wechsel mit Bohnen angebaut. Durch den Fruchtwechsel kann sich der Boden erholen. In Deutschland werden Hülsenfrüchte nicht feldmäßig angebaut und der für Futtersilos angebaute Mais zerstört die Böden, weil er ohne Fruchtwechsel viel Chemie braucht.

Nur in wenigen Gebieten der Welt werden die Bedürfnisse des Menschen noch so befriedigt, dass die Natur in Ordnung ist – vielleicht nur noch bei Bergbauern und Kleinbauern der 3.Welt. Sie haben kein Geld, um den Boden mit Kunstdünger und Spritzgiften zu hohen Erträgen zu bringen. Die fortschreitende Zerstörung der kultivierten Flächen zwingt die Bauern zu immer höheren Einsätzen an Material und Energie. Jeder, der in der Landwirtschaft tätig ist, wird im Vergleich zum Städter immer ärmer, bzw. es müssen immer mehr Hilfsmittel eingesetzt werden und die Erträge lassen sich nicht immer weiter steigern.

Die Bewunderung der modernen Technik macht viele blind für die katastrophalen Folgen. Es muss, wenn nicht Entscheidendes geschieht, sehr bald zu einem weltweiten Zusammenbruch und zu einer Umwertung aller Werte kommen.

Darüber wird überall geschrieben. Die Ursachen des Welthungers sind dargestellt in dem sehr guten Buch von Joseph Collins und Frances Moore-Lappe: „Vom Mythos des Hungers".

Lassen Sie mich schließen mit den schönen Worten von Rainer Maria Rilke:

„Ernähre uns mit reiner Speise,
Mit Tau und ungetötetem Gericht,
Mit jener Nahrung, die wie Andacht leise
Und warm wie Odem aus den Feldern bricht."

Die Bedeutung der Naturtextilien für den Menschen

1. Der Schlafkomfort „Meine neue Hygiene"

Es gibt Leute, die sagen, es sei eine Schweinerei. Das ist Ansichtssache. Ich schlafe nachts einfach ohne, also nackt. Natürlich laufe ich nicht so in der Gegend herum. Das tue ich nur in FKK-Geländen. Nein, nur im Schlafzimmer bin ich nackt. (Heute, mit mehr als 80 Jahren, schlafe ich im Nachthemd.)

Das ist aber noch nicht das Schlimmste. Ich schlafe ohne Bettwäsche. Unter mir Kamelhaar und über mir Luxus-Kamelhaar. Das ist kein Luxus! Wenn man rechnet, was das Waschen der Bettwäsche kostet, spare ich mindestens 60,– DM im Jahr. Aber warum ohne Bettwäsche, werden Sie fragen, die schönen Decken werden ja ganz schmutzig. Irrtum, sie werden es nicht. Die Kamelhaare nehmen einfach keinen Schmutz an. (So schrieb ich 1969. Richtiger müsste es heißen: Die Wolle neutralisiert Körperausscheidungen und bindet dabei unangenehme Gerüche. Wäscht man die Decke nach vielen Monaten, so merkt man, dass sie doch schmutzig war.)

Außerdem macht Kamelhaar bedürfnislos. Das hat ein Professor herausgefunden, und der muss es wissen, denn er hat sehr lange studiert.

Man soll im Leben nicht so viele Wünsche haben, also wünsche ich mir, bedürfnislos zu werden. Zuerst wünschte ich mir eine Kamelhaardecke. Als ich die hatte, wickelte ich mich in die Decke ein, wie eine Mumie. Das war etwas umständlich. Also wünschte ich mir noch eine Kamelhaardecke. Die Quelle hatte inzwischen Fortschritte gemacht. Also wählte ich Luxus-

Kamelhaar, echt Chinesisch, zwar nicht die Decke, aber das Kamel, so stand es wenigstens drauf.

Jetzt ist unten und oben Kamelhaar und dazwischen bin ich, ganz ohne.

Ich merke, der Professor hat recht, jetzt habe ich fast keine Wünsche mehr. Ich fange an, bedürfnislos zu werden. Das ist gut.

Ich habe kein festes Einkommen. Wenn man sich immerzu Geld wünscht, dann kommt keines. Jetzt wünsche ich mir nichts mehr, und es ist fast nicht zu glauben: ehe die letzte Scheibe Brot gegessen ist, kommt wieder Geld ins Haus. Es ist erstaunlich, immer geschieht etwas Unvorhersehbares. Ich zahle Miete, kaufe Brot und andere essbare Dinge, fast wie die Leute, die jeden Ersten festes Geld auf ihr Konto bekommen.

Wer so 1000,– oder 2000,– Euro im Monat verdient, braucht natürlich keine Kamelhaardecke. Es wäre schlimm, wenn er bedürfnislos würde. Es wäre immer mehr Geld auf dem Konto, und das Wirtschaftsleben würde darunter leiden, wenn niemand mehr große Wünsche hätte.

Aber ich nehme Kamelhaar.

Man kann auch Hemden davon stricken oder Socken. Man kann fast ganz in Kamelhaar gehen. Es ist leicht, wunderbar warm und doch nie zu warm.

Morgens, wenn die Sonne scheint, kommen meine Decken auf die Wäscheleine, bis sie abends untergeht, die Sonne. Dann ist mein Bett so frisch, duftig und leicht. Ich freue mich jetzt viel mehr als früher, wenn ich ins Bett steigen kann. Es geht ganz schnell. Ich denke an meinen indischen Yogalehrer Swami Dev Murti. Schlafstellung rechte Seite, Schlafstellung linke Seite, tief atmen und schon bin ich im Reich der Träume.

Probieren Sie es doch auch einmal!

Erschienen 1969 in der Zeitschrift „Naturarzt"

Gedanken sind wie leise Worte
verklingend in Unendlichkeit,
Du meinst sie sind noch nicht geboren
und schon sind sie in Raum und Zeit.

2. Gesunde Kleidung

Bevor wir uns über die vielen Schadstoffe in der Umwelt beklagen, sollten wir uns fragen, ob wir da, wo wir selber entscheiden können, den richtigen Weg gefunden haben.

Die Kleidung kann uns helfen, gesund zu werden und gesund zu bleiben; sie kann aber auch Krankheitselend und ständiges ‚Nicht-ganz-Gesundsein' verschlimmern. Der 1917 in hohem Alter durch einen Unfall verstorbene Prof. Dr. med. Gustav Jaeger hat sich intensiv mit der wissenschaftlichen Bekleidungshygiene befasst. Er fand heraus, dass Wolle und Seide der Baumwolle und dem Leinen (Kunststoffe gab es damals noch nicht) wesentlich überlegen sind. Wolle und Seide sind für ihn heilende Faktoren, die jeder Arzt in der Therapie einsetzen sollte.

Die wichtigsten Vorzüge sind:

„Geringere Luftleitfähigkeit.

Wolle kann mehr Feuchtigkeit aufnehmen, ohne feucht zu wirken, daher bei Trockenwerden auf dem Leib geringere Abkühlung.

Wolle legt sich nicht so eng an die Haut an und schließt sie daher nicht von der Luft ab. Durch die Weichheit der Wolle entsteht ein zusätzliches Wärmegefühl und bessere Hautdurchblutung.

Wolle ist besser lüftbar.

Wolle hat eine geringere Wärmeleitfähigkeit

Wolle schützt gleichzeitig gegen Hitze und Kälte. Wolle verbindet sich mit Säuren und Basen, daher ist eine licht- und waschechte Färbung und eine Entgiftung der Hautausscheidungen leicht möglich. Wolle steigert durch Öffnen der Poren die Hautverdunstung. Wolle nimmt Schweiß auf und entgiftet ihn. Es entsteht daher bei schweißtreibenden Anstrengungen kein Unlustgefühl, und die Wolle steigert so die Bewegungslust. Einziger Nachteil: Wolle verträgt nicht viel Seife und lässt sich nicht kochen."

aus Walter Kröner „Die Metabiologie Gustav Jaegers"

In Italien fiel mir auf, dass dort die Arbeiter (im Freien) trotz der Hitze Wollhemden tragen. Sie beugen damit Erkältungskrankheiten und Rheumatismus vor, denn die Wolle nimmt Schweiß rasch auf und ist gleich wieder trocken. Wer keine körperliche Arbeit tut, wird in der heißen Jahreszeit auch Baumwolle tragen, die billiger und leichter zu reinigen ist. Wer viel geht oder steht, wird aber immer die Wollsocke dem Baumwollstrumpf vorziehen. Dass Kunststoffe für die Kleidung ungeeignet sind, kann jeder Mensch, der noch natürlich lebt, rasch feststellen. Ich merke bei einer Bluse z. B. innerhalb weniger Minuten, ob sie aus reiner Baumwolle ist oder nicht. Ich fühle mich darin nicht wohl. Je mehr ich mich auf allen Lebensgebieten auf eine gesunde Lebensweise eingestellt habe, desto empfindlicher reagiere ich auf Ungesundes. Kunststoffe schaden der Aura.

Es gibt Menschen, die glauben, keine Wolle zu vertragen. Sie tragen Unterwäsche, Strümpfe und Oberkleidung aus Kunststoff und klagen darüber, dass sie viel schwitzen. Das kommt von den Kunststoffen, die keine Körperausscheidungen aufnehmen und neutralisieren. Es entsteht ein Gefühl der Schwüle. Der empfindliche Mensch sucht sich seine Wollkleidung sorgfältig aus und wird bald herausfinden, welche Firmen Wollsachen herstellen, die er tragen kann und welche er meiden muss, weil sie kratzen. Die wichtigsten Kleidungsstücke sind das Hemd und die Socken. Wollhemden sind nicht teuer. Man kann sie auch selbst stricken. Im Winter ist die lange Wollhose evtl. mit langer Wollunterhose viel angenehmer zu tragen als der Perlonstrumpf. Das Tragen von Hüfthalter und Büstenhalter sollte soweit möglich vermieden werden. Durch diese Kleidungsstücke wird die Atmung behindert. Auch Sockenhalter, Gürtel und Kragen mit Krawatte beim Mann sind Kleidungsstücke, die einengen und hoffentlich bald der Vergangenheit angehören werden. Leichte Wollsocken werden auch in der warmen Jahreszeit als angenehm empfunden, es sei denn, man ist so abgehärtet, dass man ohne Socken auskommt. Es gibt Menschen, die bringen es fertig, Sommer und Winter ohne Socken zu laufen.

Die Kosten für eine gesunde Kleidung sind nicht sehr hoch.

Da Wolle und Seide die Körpergerüche neutralisieren, nimmt die Wäsche keine Gerüche an, und man kann sie länger tragen. Auch die Gewöhnung an die Wolle spielt eine wichtige Rolle. Wer wirklich keine Wolle verträgt, kann Seide tragen. Sie ist aber teurer und nicht so haltbar. Außerdem wissen wir, dass bei der Herstellung von Seide Seidenraupen getötet werden. Für den strengen Vegetarier ist Seide daher weniger empfehlenswert.

Jeder denkende Mensch sollte sich so kleiden, dass er von modischen Einflüssen möglichst frei wird. Eine solide Wollkleidung hält viele Jahre lang. Auch reine Baumwolle hält sehr viel aus. Es gibt Biobaumwolle.

Eine Kleidung mit sportlicher Note, von heiteren, gesunden Menschen getragen, wirkt genauso ansprechend wie eine modische Kleidung. Wer sich so kleidet, dass er durch die Kleidung Krankheiten fernhält, spart Arzt, Apotheke und Verdienstausfall und kann daher auch ein wenig mehr ausgeben.

Unsere Schuhe sollten immer weit genug sein. Wer als Kind zu enge Schuhe trägt, bekommt verkrüppelte Füße. Ganz gesunde Füße sieht man selten. Auch sollten die Schuhe dem Fuß genügend Luft geben. Erstaunlicherweise kann man auch im Winter bei trockenem Wetter sehr gut in Sandalen mit Wollsocken herumlaufen. Wer in geschlossenen Schuhen schwitzt, bekommt leicht kalte Füße. In Sandalen kann man nicht schwitzen. Ich selber trage auch bei größter Kälte im Winter Sandalen, wenn es trocken ist, und bin immer glücklich, wenn ich die geschlossenen, schweren Schuhe vermeiden kann.

Zur gesunden Kleidung gehört auch die Bedeckung des Körpers gegen Sonnenstrahlen. So nützlich ein kurzes Ganzsonnenbad ist, so schädlich ist die Dauerbestrahlung. Der Kopf sollte bei schwachem Haarwuchs bzw. empfindlichen Menschen bei Sommersonne immer bedeckt sein. Bei Tageswanderungen im Hochsommer und im sonnigen Süden sollte immer überlegt werden, ob es nicht besser ist, Arme und Beine mit leichter, durchlässiger Kleidung zu bedecken. Auch ein geeigneter Wind- und Regenschutz aus Baumwollpopeline (atmungsaktiv) oder ein Lodenmantel gehören zur gesunden Bekleidung, denn es gibt kein schlechtes Wetter, sondern nur eine ungeeignete Kleidung. Wer auch bei Sauwetter, wenn alle anderen zu Hause hocken, die Freuden der Natur genießen kann, ist, richtig angezogen, ein gesunder und froher Mensch.

Auch in der Nacht können wir die Wollhygiene fortsetzen und unseren Schlaf unter Kamelhaardecken heilsam gestalten. Die übliche Bettwäsche fällt fort. Die Decken werden tagsüber gelüftet und sind abends herrlich frisch. Bei gesunden Menschen reicht es, wenn die Decken ein- bis zweimal im Jahr gewaschen werden.

Ich trage besonders gerne Bourette-Seide. Sie ist ein Abfallprodukt bei der Seidenherstellung und sehr angenehm zu tragen. Inzwischen gibt es Baumwolle mit Seide. Dieses Gewebe verträgt 60° Wäsche und ist für Leute, die wolleempfindlich sind, angenehm zu tragen. Es hält allerdings die Form nicht gut. Ich trage davon Hemd und lange Unterhose. Wenn ich Ihnen zum Schluss noch einen Rat geben darf: Haben Sie noch kein Wollhemd, so kaufen Sie eines. Sie werden genügend Gelegenheit finden, es zu tragen und bald ein neues „Bekleidungsgefühl" kennen lernen.

Gesund wohnen?

Zu diesem Thema weiß ich einiges zu sagen, ohne Fachbücher gelesen zu haben. Ich war nämlich mehr als 20 Jahre als Vertreterin in der Baubranche tätig. Der Beruf des Architekten ist einer der schönsten. Ein Architekt muss sehr viel können und leisten. Er muss technisch, künstlerisch, kaufmännisch und im Umgang mit Menschen begabt sein. An der Baustelle fängt die Arbeit im Sommer um 7 Uhr an, und die Bauherren wollen ihren Architekten nach Feierabend sprechen. So ist ein Architekt von früh bis spät in Anspruch genommen, allerdings bei vielseitiger und abwechslungsreicher Arbeit. Es gibt nicht viele wirklich gute Architekten. Sicher gibt es auch solche, die an die Gesundheit der Bewohner ihrer Häuser denken, doch habe ich in den mehr als 20 Jahren den Ausdruck „gesund wohnen" nie gehört. Viele Architekten legen Wert darauf, so zu bauen, dass ihre Häuser besonders interessant, neuartig, großartig oder modern aussehen, kurz so, dass jeder fragt: „Wer hat das gebaut?" Ob es angenehm und gesund ist, darin zu wohnen, ist eine andere Frage.

Die Vertreter in der Baubranche wollen nur verdienen und bringen es fertig, den Architekten teure Sachen aufzuschwätzen. So werden z. B. komplizierte und reparaturanfällige Kurbel- und

Elektrojalousien empfohlen, die nachher in der Saison nicht repariert werden können, anstatt einfacher, robuster und an Ort und Stelle reparierbarer Schnurzugjalousien. So werden Verbundfensterjalousien verkauft, die nachher die Fenster zu einer sommerlichen unerwünschten Heizquelle machen, weil sich die Hitze zwischen den Doppelfenstern staut. Dies wurde so weit getrieben, dass Jalousien von der Schulbauberatungsstelle eine Zeitlang nicht mehr empfohlen wurden. Genau genommen, wozu eigentlich? Wenn es warm ist, ist hitzefrei, oder es sind Sommerferien. Nimmt man statt dessen Vorhänge, so ist damit gleichzeitig das Problem der Akustik gelöst, und man spart viel Geld für teure Akustikdecken.

„Geräumige Wohnung am Stadtrand, ruhig, aber verkehrsgünstig gelegen, Kinder kein Hindernis, mit Gartenanteil zu mäßigem Preis zu vermieten." Auf solch ein Inserat kann man lange warten. Statt dessen werden Komfortwohnungen gebaut, die nachher nicht vermietet werden können. Der durchschnittliche Mieter braucht kein Riesenwohnzimmer mit Fenstern vom Fußboden bis zur Decke, keinen Teppichboden, keinen Müllschlucker, keine Elektroheizung und keine Leichtmetallfenster und Leichtmetallrollladen. Dafür braucht er eine ausreichende Schall- und Wärmeisolierung, er braucht eine Küche, in der man sich auch bewegen kann und in der auch mal ein Familienmitglied rasch eine Mahlzeit einnehmen kann und in der auch Platz für die bei einer gesunden Lebensweise erforderlichen Geräte (Getreidemühle, Leinsamenmühle, Nussmühle) ist. Bei der Familienwohnung sollte die Küche entweder so groß sein, dass man darin auch nähen, bügeln und waschen kann, oder es wird ein Hausarbeitsraum benötigt. Eine Familie mit 4 – 6 Personen braucht ein geräumiges Bad und eine zusätzliche Waschgelegenheit in einem der Schlafräume oder einem Duschbad.

Die verschiedenen Baumaterialien sind dem Menschen mehr

oder weniger angepasst. In einem Holzhaus kann sich jeder wohlfühlen, und Steine sind besser als Beton. Auch beim Innenausbau sollten Materialien verwendet werden, die dem Menschen angepasst sind. Kunststoffe sind dies nicht. Sie erzeugen ein Gefühl der Schwüle. Teppiche sollten daher aus Wolle, Baumwolle oder Zellfasern sein, Vorhänge aus Baumwolle, Wolle, Seide oder Leinen. Ein Holzfußboden ist einem Plastikfußboden vorzuziehen. Wo wir aus Gründen der Arbeitsersparnis versiegeln müssen, sollten wir wissen, dass der Versiegelungslack auch ein Kunststoff ist.

Wir wissen heute, dass es nicht gleichgültig ist, wo wir bauen. Es gibt Stellen, an denen schädliche Erdstrahlen aufsteigen. Es wäre dringend erforderlich, dass die Baustellen vorher untersucht werden und dass so gebaut wird, dass zumindest keine Betten an Stellen mit gefährlichen Strahlen aufgestellt werden.

Das Wohnen in Hochhäusern ist ungesund. Es ist bekannt, dass von einer gewissen Höhe an Krankheiten häufiger auftreten. Man sollte daher mehr Häuser bis zu 6 Stockwerken und weniger höhere Häuser bauen. Das Bauen von freistehenden Einfamilienhäusern ist sehr aufwendig. Man sollte mehr Reihenhäuser bauen. Es sollten mehr Wohnungen mit Gartenanteil oder geräumigen Balkons gebaut werden.

Empfindliche Menschen können durch die Elektroinstallation gestört werden. Die Ursache kann ein Metallbett sein. Es ist daher besser, in Holzbetten zu schlafen. Wenn auch die Entfernung von Metallen aus der Nähe des Bettes nicht hilft, so kann ein Netzfreischalter Abhilfe bringen.

Ein ganz großes Problem sind die vielen Wohnungen, die einmal gesund waren, es heute aber nicht mehr sind. Die Entwicklung des Verkehrs hat dazu geführt, dass ein großer Prozentsatz der städtischen Bevölkerung heute in verkehrsreichen Straßen wohnt. Die meisten Menschen leiden darunter, haben aber finanziell nicht die Möglichkeit, sich deswegen nach einer anderen Wohnung umzusehen. Wir brauchen noch viel mehr autofreie Zonen in den Städten. Dort ist das Leben auch in der Stadt lebenswert.

Das Messer blitzt, die Schweine schrein,
man muss es halt benutzen
und ihr Fleisch verputzen
nach Art der Kannibalen
bis man dereinst „Pfui Teufel" sagt
zum Schinken aus Westfalen.

Wilhelm Busch (1832-1908)

Yoga

Was ist eigentlich Yoga?

Das Wort Yoga ist verwandt mit dem deutschen Wort Joch. Ein Joch ist etwas, das gleichzeitig bindet und belastet. Früher waren die Ochsen bei der Arbeit durch das Joch verbunden. Man spricht auch vom Ehejoch.

Yoga verbindet uns mit dem Göttlichen in der Welt und in uns selbst. Das Wort Religion bedeutet dasselbe. (Religio ist Latein und heißt Rückbindung.) Es gibt verschiedene Formen des Yoga. Menschen, die in ihrem Glauben fest verwurzelt sind, brauchen den geistigen Yoga nicht. Der geistige Yoga will genau dasselbe, was alle höheren Religionen wollen, nämlich ein Leben in Übereinstimmung mit den göttlichen Geboten, vielleicht mit dem Unterschied, dass die Gebote hier besonders streng sind. Das „Du sollst nicht töten" wird auch auf die Tiere ausgedehnt, in einer Weise, die für den Europäer schwer in die Wirklichkeit umzusetzen ist. Ein guter Yogi isst nicht nur kein Fleisch, er tut auch keiner Mücke und keinem Floh etwas zu Leide. Auch das Gebot der Keuschheit wird von einem Yogi mit äußerster Strenge eingehalten.

Es besteht noch ein Unterschied zwischen der christlichen Lebensführung und dem Yoga. Stärker als beim Christentum setzt Yoga echte Bescheidenheit voraus. Der strenge Yogi lebt ohne Besitz. Jeder, der sich mit geistigem Yoga befasst, bemüht sich, sein Lebensziel nicht in der Anhäufung irdischer Werte, sondern in der Entwicklung seiner geistigen Persönlichkeit zu suchen. Zum Yoga gehört auch, dass wir das Wort „wir" mehr brauchen als das Wort „ich". Auch die Worte „ja, es ist gut!" stehen im Vordergrund und sind Zeichen unserer nachgebenden, versöhnlichen und nicht kritisch fordernden Lebenshaltung.

Im Westen ist Hatha-Yoga besonders bekannt. Das sind die körperlichen Yogaübungen. Ein gesunder Körper ist die Voraussetzung für einen gesunden Geist und eine gesunde Seele. Auch wenn uns nach dem Tode ein geistiges Leben erwartet, das wichtiger ist als unser Erdenleben, haben wir als geistige Wesen auf dieser Welt, im Gegensatz zum Tier, das zwar Körper und Seele, aber keinen Geist hat, die Verpflichtung, alles zu tun, um unseren Körper so gesund wie möglich zu erhalten. In diesem Sinne sind die Yoga-Körperübungen und eine einfache, gesunde Ernährung nur ein Mittel, um Seele und Geist zu fördern. Es gibt Yogaschüler, die von einer geistigen Entwicklung nichts wissen wollen und nur zum Yoga kommen, um körperlich fit, jung, schlank und schön zu werden oder zu bleiben. Viel Freude macht es, wenn solche Schüler allmählich auch Interesse an geistigen Fortschritten entwickeln. Das ist nicht selten der Fall.

Die körperlichen Yogaübungen sind verschiedener Art. Einige sind Stellungen, andere Atemübungen. Die Atemübungen helfen, richtig atmen zu lernen, und sie entwickeln den Atemumfang. Die Stellungen wirken auf Muskeln, Bänder und die einzelnen Organe. Die außerordentliche Wirkung dieser Übungen erhellt aus der Tatsache, dass Yogaübungen das Gewicht normalisieren. Zu dicke nehmen ab, zu dünne nehmen zu. Die Organwirkung kann so stark sein, dass z. B. eine Zuckerkrankheit ausgeheilt werden kann.

Auf zwei Übungsreihen möchte ich hier besonders eingehen. Die eine ist das schon erwähnte Sonnengebet. Bei dieser Übung sind verschiedene Stellungen durch Bewegungen verbunden. Das wunderbar Heilsame an dieser Übung ist, dass sie durch den schnellen Bewegungsablauf und die Durcharbeitung des ganzen Körpers Ersatz für die oft mangelnde Bewegungsmöglichkeit bietet. Jeder, der zu wenig Bewegung hat, sollte diese

Übung erlernen. Voraussetzung dafür ist allerdings eine noch relativ gut erhaltene Beweglichkeit. Ältere und kranke Menschen können das Sonnengebet häufig nicht mehr lernen.

Jeder Yogalehrer kennt das Sonnengebet.

Eine andere Übungsreihe von besonderer Bedeutung sind die sogenannten Krokodilübungen des indischen Arztes der ayurvedischen Medizin (älteste indische Naturheilkunde, noch heute in Indien weit verbreitet) Swami Dev Murti. Auch diese Übungen verbinden Stellungen mit Bewegungen und sind in besonderer Weise für den europäischen Menschen geeignet. Swami Dev Murti sagt: Der Mensch ist das einzige Lebewesen, das sich aus dem Vierfüßlerstand aufgerichtet hat. Daher ist seine Wirbelsäule besonders gefährdet. Die Krokodilübungen dienen dem Training der Wirbelsäule. Man spricht auch von Eigenchiropraktik der Wirbelsäule, d. h., durch Drehbewegungen der Wirbelsäule können Wirbel wieder eingerenkt werden, wozu sonst ein Chiropraktiker nötig wäre. Das ist nicht in allen Fällen möglich.

Ich kenne viele Menschen, die über Kreuzschmerzen klagen, sobald sie keine Yogaübungen machen. Ich selber werde innerhalb von 1 – 2 Monaten steif, wenn ich die Übungen nicht mache. Dies habe ich nur einmal ausprobiert. Yoga gehört für mich zum Aufstehen, wie für andere das Zähneputzen. Hat man es morgens hinter sich gebracht, so kann es nicht mehr vergessen werden. Wenn ich es mir für abends vornehme, bin ich nie sicher, ob ich auch dazu komme. Gut ist es, dafür eine halbe Stunde oder mehr zu haben, aber man kommt auch mit weniger aus. Wer es fertig bringt, morgens vor dem Frühstück zu üben und abends vor dem Abendbrot noch einmal, wird die wohltuenden Wirkungen besonders rasch und intensiv spüren.

Das Schöne am Yoga ist, dass man dazu nichts braucht, keine Geräte, keinen Partner, nur ein wenig Platz und ein Tuch, um sich darauf zu setzen oder zu legen. Allerdings braucht man Ruhe und einen gut gelüfteten Raum. Es gibt unzählige Yogaübungen, ganz einfache, die auch von Kindern, Kranken und Alten ausgeführt werden können, mittelschwere und äußerst schwierige. Es gibt auch Übungen, die sehr viel Kraft erfordern. Jeder kann sich seine Übungen aussuchen und sich ein Programm zusammenstellen. Der Yogaschüler braucht einen persönlichen Lehrer, und wenn es nur für 10 Tage ist. Wer an einem Ort lebt, an dem es keinen Yogalehrer gibt, sollte einmal in den Ferien an einem Yogakursus teilnehmen. Später kann er sich dann mit Büchern weiterhelfen, z.B. André von Lysebeth: „Yoga für Menschen von heute – lernen, üben, beherrschen", Bertelsmann-Verlag. Dieses Buch besticht durch die gründliche Darstellung einiger weniger Übungen.

Die höchste Form des geistigen Yoga ist die Meditation bzw. der durch sie erreichte Zustand. Nicht jeder Europäer ist in der Lage, meditieren zu lernen. Es gibt sehr viele Formen der Meditation. Ein Beispiel: Als ich zum ersten Mal Yogaunterricht gab, erzählte einer meiner Schüler: „Wir waren eine kinderreiche Familie. Wenn meiner Mutter der Betrieb zu viel wurde, ließ sie alles stehen und liegen, auch wenn sie z. B. gerade beim Geschirrspülen war. Sie ging in ihr Schlafzimmer. Nach etwa 10 Minuten kam sie zurück, und nun war sie der Arbeit wieder gewachsen." Das ist eine Meditation. Ein Zurückziehen in die Stille der Besinnung, das neue Kraft gibt. Otto Haendler nennt das „Meditation im Alltag". Er hielt darüber einen Vortrag beim Kongress der Stuttgarter Gemeinschaft „Arzt und Seelsorger". Dieser Kongress fand 1957 statt und hatte das Thema „Meditation in Religion und Psychotherapie". Unter diesem Titel stellte Wilhelm Bitter die meisten der auf der Tagung gehaltenen Referate zusammen. Er schreibt: „Die Einordnung der

Meditation als Ganzheit in die geistige Situation der Zeit als Ganzes ist nur möglich, wenn die unbewusste, meditative Praxis auf einer Meditationstagung ausdrücklich vergegenwärtigt und in ihrer Bedeutung gewürdigt wird." „Lassen Sie mich mit zwei Beobachtungen beginnen, die mir erinnerlich geblieben sind, beide kurze Momentbilder, beide je einen Menschen, wie in einer meisterhaft selbstgespielten Kurzgeschichte plastisch zeichnend. Die erste: Im D-Zug geht vor mir ein Herr durch die Gänge, gelassen, behaglich, sitzt dann im Speisewagen. Seine Haltung, seine Miene, seine Bewegungen sind beredt, wie gesprochene Worte: jetzt kann keiner telefonieren, keiner ein Telegramm auf den Tisch legen, keiner hereinstürzen: „Nur einen Augenblick, ich will Sie nicht stören", keiner mit leisem Nachdruck sagen: „Wissen Sie, dass es X Uhr ist?" ... Jetzt ist nichts!, Ich bin einfach da, ungestört bis zum Ziel. Die andere Szene: Unmittelbar vor dem Abgang des Zuges hastige Schritte. Ein Herr, Chef eines großen Unternehmens, sein Chauffeur mit Koffer hinter ihm. Die Tür wird aufgerissen. Der Herr stemmt sich hinauf ins Abteil. Die Tür fliegt zu, der Herr reißt das Fenster auf, noch (und schon wieder) atemlos: „Also, Schulze, zu Haus gleich die Post nachsehen, wenn Müller schreibt, sofort nachschicken, nein telegrafieren, also Telegramm, verstehen Sie, und wenn Lehmann schreibt,.. und Fräulein Neumann soll.. – der Zug fährt an – und vergessen Sie das Telegramm nicht, sofort telegrafieren.." Fenster zu, ermatteter Fall ins Polster. Bis zum Reiseziel kein Anzeichen dafür, dass dieser Herr imstande wäre, die Haltung des zuerst charakterisierten jemals anzunehmen. Sind das nur zwei Szenen, oder sind das zwei Menschen? Es sind zwei Menschen, die sich zur Schau stellen mit dem Kern ihrer Lebenshaltung. Es ist anzunehmen, dass auch der Erste nicht meditierte und das Wort Meditation nicht kannte. Aber er hat im Gegensatz zum Zweiten etwas gehabt: ohne bewusste Meditation eine

Haltung, die bestimmte Überlegenheit und weitgehende Möglichkeiten bietet. ... Es ist schon viel erreicht, wenn wir die uns allen naheliegenden meditativen Verhaltensweisen des Alltags als das erkennen und werten lernen, was sie sind."

Wem es schwer fällt, zu meditieren, der übe sich in der Meditation des Alltags. Wer auf der Reise oder in der Freizeit sofort abschalten, umstellen und Distanz gewinnen kann, für den sind schon wenige Tage, ja Stunden erholsam.

Es gibt Organisationen, die sich besonders der Süchtigen annehmen (Drogen, Alkohol, Tabak, Schlafmittelsucht). Die Anhänger wohnen in Gemeinschaften, die sich z. B. Center und Ashram nennen. Die Center sind Vorstufen der Ashrams.

Das Leben im Ashram ist ein Leben mit Verzicht auf Sex, wobei es eine Organisation gibt, deren Mitglieder ein entsprechendes Gelübde ablegen und andere, deren Anhänger nur während des Aufenthaltes im Ashram, der jederzeit beendet werden kann, auf den Sex verzichten. In der Gemeinschaft selbst fällt es den meisten leicht, ohne Alkohol und ohne Drogen zu leben. Das Rauchen, das ja nicht zu einem Ausnahmezustand führt und daher ganz anders bewertet wird, wird dagegen sehr viel schwerer ganz aufgegeben. Über die gesundheitlichen Folgen des Rauchens wird nicht gesprochen. In den Gemeinschaftsräumen wird nicht geraucht.

Durch diese Organisationen spart unser Staat viel Geld. Sie sind aber für den Einzelnen von unterschiedlichem Wert. Wenn die Anhänger lange genug dabei bleiben, werden sie von ihrer Sucht befreit. Die Entwicklung der Persönlichkeit ist aber nicht immer nur eine positive. Der Ehrgeiz der Führer solcher Gemeinschaften geht oft dahin, möglichst viel Geld an die Spitze der Organisationen – meist Inder – abzugeben. Diese führen ein relativ teures Leben. Sie sind oft auf mehreren Kontinenten tätig und schnelles Reisen kostet viel Geld. Es gibt Organisationen, bei denen die Mitglieder die Verpflichtung haben, in ihrer Freizeit für die Organisation tätig zu sein. Andere Organisationen schicken ihre Mitglieder auf die Straßen und in die Häuser. Sie sollen nichts anderes tun, als die Lehren ihres Meisters verbreiten und verkaufen Bücher und Schallplatten. Der Wert einer solchen Organisation hängt für den Einzelnen auch davon ab, wie die Versorgung in den Häusern ist. In manchen Häusern wird unwahrscheinlich wenig für die Ernährung ausgegeben, die zum Teil nicht ausreichend ist und auch häufig falsch zusammengesetzt ist, weil alles mögliche an geschenkten und denaturierten Lebensmitteln verwandt wird und das Ernährungswissen fehlt. In den Organisationen kann ein Fanatismus entstehen, der für die Entwicklung der Persönlichkeit nicht gut ist (Süchtigkeit ist allerdings schlimmer).

Außerdem ergibt sich folgendes Problem: Viele Anhänger einer solchen Organisation fühlen sich nur ihrem Meister verpflichtet Bindungen an die Familie und Pflichten gegenüber der Allgemeinheit kennen sie nicht mehr. Das kann für die Familie hart sein, außerdem sind solche Menschen im Wirtschaftsleben untragbar. Kommt der Meister, so lassen sie ihre Arbeit im Stich, wenn das nötig ist, um ihn zu sehen und zu hören. Damit hängt es auch zusammen, dass sie meistens mit Jobs beschäftigt sind.

Wenn die Organisation eines Tages auseinander bricht, z. B. weil sich das Schwergewicht der Tätigkeit des Meisters auf einen anderen Kontinent verlagert, kümmern sie sich um die Fortsetzung ihrer beruflichen Ausbildung. Auch wenn sie heiraten wollen, merken sie, dass es besser ist, einen Beruf zu haben als nur einen Job. Die meisten sind für immer von ihren Drogen kuriert und haben eine neue positive Lebenseinstellung, in der geistige Werte den materiellen vorgezogen werden.

Jeder, der sich auf den geistigen Weg begibt, findet Führer. Es können lebende Menschen sein, es können aber auch große

Geister der Vergangenheit sein, aus deren Werken wir lernen. Wenn wir in unserer Entwicklung von einem Lehrer zum anderen schreiten, so denken wir in dankbarer Anerkennung an die, die uns geholfen haben. Wir können wohl sagen, dass wir bei einem bestimmten Meister besonders viel gelernt haben, doch konnten wir zu diesem Meister erst gelangen, nachdem wir bei anderen waren.

Bei den Indern ist ein Abend in der Woche, und zwar der Donnerstag, dem Gedenken an alle großen Lehrer der Menschheit gewidmet (in der Hindisprache heißt der Donnerstag Lehrertag). Wir sollten niemals dahin kommen, die Lehrer, die uns anfangs geholfen haben, weniger hoch zu schätzen. Dies ist bei vielen Schülern indischer Meister der Fall. Wenn sie einen neuen „Guru" gefunden haben, verschwinden alle Bilder anderer Lehrer aus der Wohnung und nur, was der neue Meister sagt, ist die reine Wahrheit. Ich kann nicht verstehen, dass die großen Yoga-Meister eine solche Einstellung ihrer Schüler dulden, denn sie selber ehren doch gewiss alle Meister, bei denen sie gelernt haben. Ich vermute, dass sie diese Einstellung dulden, weil es für schwache Menschen, und das sind die meisten am Anfang ihres geistigen Weges, gut ist, wenn sie ihren Meister über alles verehren.

Arzt und Patient

Heute macht der Arzt mit dem Patienten was er will, und der Patient macht es mit dem Arzt genauso. Viele Menschen suchen einen Arzt nach dem anderen auf, ohne Heilung zu finden. Die Weißbrotesser z. B. können an einer Form der Beri-Beri erkranken, die ‚nur' zu nervöser Reizbarkeit führt. Sie finden keine Heilung und werden schließlich als Neurotiker sozusagen ad acta gelegt. Ich würde vorschlagen: Wenn der Mensch zum ersten Mal in seinem Leben zum Arzt geht (vorausgesetzt, er hat schon laufen gelernt), dann wird eine Akte angelegt, zweifach, ein Exemplar für den Arzt und eines für den Patienten bzw. die Familie. Diese Akte begleitet ihn für den Rest seines Lebens. Es gibt kaum Krankheiten ohne seelische Probleme, und es ist nicht einfach für den Patienten, den richtigen Arzt zu finden. Haben Patient und Arzt den Eindruck; dass die Gesundheitsfindung zu lange dauert, dann sollten sie überlegen, ob der Patient nicht besser zu einem anderen Arzt geht. Der Arzt könnte dann fragen, ob der Patient alles getan hat, was ihm verordnet wurde, und wenn nicht, warum nicht. … Will dann der Patient einen anderen Arzt aufsuchen oder will der Arzt den Patienten woanders hinschicken, so macht der Arzt eine abschließende Untersuchung, gibt dem Patienten eine Kopie zu seinen Akten und behält die Kopie der ganzen Akte bei sich, bis die Akte vom nächsten Arzt angefordert wird.

Wenn der Arzt weiß, ein Kollege, der evtl. nach ihm den Patienten behandelt, wird genau erfahren, was er bisher gemacht hat, wird sich vielleicht mancher Arzt mehr Mühe geben. Wenn der Patient weiß, wenn es mir nicht bald besser geht, wird mich der Arzt zum nächsten schicken, wird er sich auch vielleicht mehr Mühe geben. Der nächste Arzt sieht nun gleich, was bisher geschehen ist. Ich würde vorschlagen, in den Volksschulen Latein und Chemie als Wahlfach einzuführen, damit auch Otto Normalverbraucher herausfinden kann, was er zu schlucken hat. Das ist doch viel einfacher, als von der pharmazeutischen Industrie zu verlangen, dass sie auf ihre Fabrikate draufschreiben müssen, was drin ist (auf deutsch!).

Es gibt immer noch Menschen, die nicht gerne zum Arzt gehen und die sich lieber auf eigene Rechnung Tees, Kräuter, Kräuterextrakte, sogenannte Kurmittel usw. in der Drogerie, der Apotheke und dem Reformhaus kaufen würden, wenn sie nur wüssten, was ihnen eigentlich fehlt und was sie brauchen.

Freie Medikamente und Kurmittel sollten in Apotheken und Reformhäusern und Drogerien nur mit Eintragung in die Akte des Patienten abgegeben werden. Es könnten sich die Dinge allmählich so entwickeln, dass ein junger Mann der Geliebten, die er freien will, mit Stolz eine Akte vorlegt, in der nur ein Beinbruch festgehalten wurde, und junge Mädchen noch ganz ohne Akte könnten eines Tages mehr gefragt sein als reiche Töchter.

Der Eid des Hippokrates
oder die Zulassung zum Medizinstudium

Als Sohn (oder Tochter) des ... (folgt handschriftlicher Lebenslauf).

Ich möchte Medizin studieren. Ich bin gesund, amtsärztliches Zeugnis liegt bei. Ich kenne den Eid des Hippokrates und kann ihn jederzeit vortragen. Er heißt:

Ich schwöre bei Apollon, dem Arzt, und Asklepios und Hygieia und Panakeia und allen Göttern und Göttinnen, sie zu Zeugen anrufend, dass ich erfüllen will nach meinem Können und Urteil diesen Eid und diesen Vertrag:

Den, der mich diese Kunst gelehrt hat, meinen Eltern gleich zu achten und mein Leben in Gemeinschaft mit ihm zu leben und ihm, wenn er Geld nötig hat, an meinem Anteil zu geben und seine Nachkommenschaft meinen Brüdern in männlicher Linie gleichzustellen und sie diese Kunst zu lehren – wenn sie wünschen, sie zu erlernen – ohne Honorar und Vertrag; an Regeln und mündlichem Unterricht und allem übrigen Wissen meinen Söhnen Anteil zu geben und den Söhnen dessen, der mich unterrichtet hat, und Schülern, die den Vertrag unterzeichnet und einen Eid geleistet haben nach ärztlichem Brauch, aber sonst niemandem.

Ich will diätetische Maßnahmen zum Vorteil der Kranken anwenden nach meinem Können und Urteil; ich will sie vor Schaden und Unrecht bewahren.

Ich will weder irgend jemandem ein tödliches Medikament geben, wenn ich darum gebeten werde, noch will ich in dieser Hinsicht einen Rat erteilen. Ebenso will ich keiner Frau ein abtreibendes Mittel geben. In Reinheit und Heiligkeit will ich mein Leben und meine Kunst bewahren.

Ich will das Messer nicht gebrauchen, nicht einmal bei Steinleidenden, sondern will davon abstehen zugunsten der Männer, die sich mit dieser Arbeit befassen.

In alle Häuser, die ich besuche, will ich zum Vorteil der Kranken kommen, mich frei haltend von allem vorsätzlichen Unrecht, von aller Schädigung und insbesondere von sexuellen Beziehungen sowohl mit weiblichen wie mit männlichen Personen, seien sie frei oder Sklaven.

Was ich etwa sehe oder höre im Laufe der Behandlung oder auch außerhalb der Behandlung über das Leben von Menschen, was man auf keinen Fall verbreiten darf, will ich für mich behalten, in der Überzeugung, dass es schändlich ist, über solche Dinge zu sprechen.

Wenn ich diesen Eid erfülle und ihn nicht verletze, sei es mir vergönnt, mich des Lebens und der Kunst zu erfreuen, geehrt durch Ruhm bei allen Menschen auf alle künftige Zeit; wenn ich ihn übertrete und falsch schwöre, sei das Gegenteil von all diesem mein Los.

(zitiert nach: Ludwig Edeistein „Der Hippokratische Eid“, S. 7/8)

Ich will mein Leben im Sinne dieser Worte führen und fühle mich berufen, Arzt zu werden. Ich bin bereit, nach Beendigung meiner Ausbildung im Entwicklungsdienst zu arbeiten, solange ich dort gebraucht werde. Ich habe auch schon ein Jahr in der Krankenpflege gearbeitet, Zeugnis anbei. Ich bin in der Lage, den Vorlesungen zu folgen und lege Unterlagen über meine schulische Ausbildung sowie eine Persönlichkeitsbeurteilung und ein polizeiliches Führungszeugnis bei.

Die Zulassungsstelle antwortet: Wir haben Ihre Unterlagen geprüft und nichts gefunden, was uns davon abhalten sollte, Ihnen einen Studienplatz zu geben. Wir möchten Sie aber darauf aufmerksam machen, dass das Medizinstudium zur Zeit noch außerordentlich anstrengend ist. Bitte bedenken Sie, dass Sie jahrelang in vollen Hörsälen sitzen müssen und unter Umständen weite Wege in Kauf nehmen müssen. Sie bekommen all die Jahre zu wenig Bewegung und frische Luft. Auch entspricht das Mensa-Essen noch immer nicht dem derzeitigen Stand der Ernährungswissenschaft. Wir möchten Sie daher bitten, sich zu überlegen, ob Sie nicht lieber Heilpraktiker werden wollen. Dabei können Sie zwischen einem zweijährigen Schulbesuch und einer Ausbildung ganz aus der Praxis heraus wählen und sich Ihren Bildungsgang in aller Ruhe selber gestalten. Sobald wir Ihre Entscheidung in Händen haben, werden wir Sie wissen lassen, an welchen Universitäten oder Heilpraktikerschulen Studienplätze für das nächste Semester frei sind. Wir können Ihnen auch mitteilen, wo Heilpraktiker sind, die noch Ausbildungshilfen annehmen. – Ist dies eine Utopie?

Wann endlich wird es wieder nur noch Ärzte geben, die wirklich „Berufene" sind? Welch ein Abstieg vom hippokratischen Arzt zum Arzt, der Raucher oder Alkoholiker ist. Wenn wir wirklich nur solche jungen Menschen ausbilden würden, die Aussichten haben, echte Arztpersönlichkeiten zu werden, wären unsere Hörsäle vielleicht gar nicht mehr voll. Dr. med. Warning war in Saarbrücken Dozent an der pädagogischen Akademie. Er hat den Studenten im Fach Gesundheitskunde die Folgen des Rauchens so eindrucksvoll dargestellt, dass im 2. Semester niemand mehr rauchte. Und die Mediziner?

Man weiß nicht genau, wann der Eid entstanden ist, jedenfalls in vorchristlicher Zeit. Die Weltvereinigung der Ärzte hat 1948 in Genf einen Eid entworfen, der „bei aller Berücksichtigung neuer Verpflichtungen, die sich gerade aus den Erlebnissen des 2.Weltkrieges ergeben hatten, im Gesamtaufbau und in den Einzelformulierungen sehr viel aus dem hippokratischen Eid (Edelstein: „Der hippokratische Eid" S. 97) übernommen hat. Eigentlich sollte sich jeder Akademiker darüber klar werden, dass er durch sein Studium eine Verpflichtung gegenüber der Allgemeinheit übernimmt, die ja sein Studium finanziert. Auch der „höhere Schüler" sollte von Zeit zu Zeit daran erinnert werden, dass z. B. der Straßenkehrer vor der Schule durch seine Steuern die Schule mit unterhält. Vielleicht könnte man heute eine auf den Wurzeln des Christentums basierende Formel finden, die für alle Akademiker passt. Eine Änderung der heutigen Verhältnisse ist aber nur möglich, wenn wir aufhören, Jugendliche mit dem Ziel der guten Noten heranzubilden. Nur, wenn die Persönlichkeitsbildung das Erziehungsleitbild wird, können auch Akademikerpersönlichkeiten führende Rollen im täglichen Leben spielen. Lehrer, die an einem bestimmten Tag des Jahres bis zu einer bestimmten Stelle im Schulbuch kommen müssen, sind so gebunden, dass keine Persönlichkeitsbildung möglich ist. Außerdem würden wir dazu Lehrerpersönlichkeiten brauchen und die können nur herangebildet werden, wenn die Dozenten an den Hochschulen Persönlichkeiten sind. Als ich zum ersten Mal studierte (Volks- und Betriebswirtschaft in Freiburg 1938 -43), waren meine Hochschullehrer Persönlichkeiten, die uns Vorbild sein konnten, auch in ihrem persönlichen Bereich.

Der Raucher
Es war einmal ein Mann,
Der fing zu rauchen an,
Weil er nicht denken kann.
Denn hätte er gedacht,
Er hätt' es nicht gemacht.
So aber nur vernebelt er
Das Erdenleben ach schon schwer
Und atmet er den Dreck gern ein,
Lässt er auch nicht die andern rein.
Kapitalistenteufel lacht:
„Der denkt nicht", was ich mir gedacht!

Schlafstörungen

Schon als Kind kannte ich passive und aktive Phasen und schlief nicht immer ausreichend. Mit 16 Jahren erlebte ich bewusst die erste Schlafstörung. Die Periode war ½ Jahr ausgeblieben und ich schlief eine Zeit lang zu wenig und weinte nachts ohne Grund. Am Tag konnte es sein, dass ich hysterisch reagierte.

Auch meine Eltern schliefen nicht immer gut. Allerdings nicht ohne Grund. Meine Familie gehörte im 3. Reich zu den unerwünschten Elementen.

Inzwischen habe ich 70 Jahre Erfahrungen mit Schlafstörungen. Sie kommen ziemlich regelmäßig einmal im Jahr. Die endogene Schlafstörung ist eine Stoffwechselkrankheit, die in der Erbanlage gegeben sein kann, deren Schwere aber von den Belastungen im Alltag und von der erlernbaren Fähigkeit, mit ihr umgehen zu können, abhängt. Dazu gehört die natürliche Lebensweise mit rohstoffreicher Vollwertkost, die Kleidung mit Naturtextilien, Sorge für ausreichend Bewegung und frische Luft usw. Schlafe ich einen oder zwei Tage knapp vier Stunden, so stört das den Tagesablauf nur wenig. Ein längerer Schlafmangel kann sehr unangenehme Folgen haben. Ich muss einen sehr guten Schutzengel haben. Nachdem ich zweimal am Steuer einschlief und einmal bei Rot über Gleise fuhr, fasste ich den Entschluss, mich bei Schlafstörungen als wirklich krank zu betrachten und zum Beispiel nicht mehr Auto zu fahren. Einen solchen Entschluss durchzuführen, ist nicht einfach, denn die Umgebung begreift nicht, was da los ist. „Wenn du spazieren gehen kannst, bist du doch nicht krank!", bekommt man dann zu hören. Der Schlafgestörte kann auch an Einbildungen leiden und der Kontakt zur Umwelt kann dadurch gestört werden.

Wenn man zu wenig schläft, kann der PH-Wert des morgendlichen Urins auf wenig über 5 absinken, wir sind sauer, der Urin ungenießbar und wir sind es auch, nämlich für unsere Mitmenschen.

Gehe ich ruhig und müde zu Bett, so kann es sein, dass mich kurz vor dem Einschlafen eine Welle der Erregung überflutet und mich unabstellbares zwanghaftes Denken überfällt.

Was kann ich tun? Früher nahm ich die verschiedensten Schlafmittel, fand aber dann heraus, dass zwei Stunden ohne Medikament erholsamer sind als vier Stunden mit medizinischem Hilfsmittel. Auch die pflanzlichen Schlafmittel sind mit Vorsicht zu nehmen. Baldrian ist nicht gut für das Gehirn. Auch nach Schlaftees empfinde ich immer ein dumpfes Gefühl im Kopf. Ich nehme abends nur noch Lindenblütentee (wärmt und beruhigt), und eine Mischung aus Johanniskrauttee (Nerven), Weißdorn (Herz) und Süßholz (Magen). Ich nehme auch gerne Schöneberger Lycopus-Saft als Mittel gegen Erregungszustände.

Bei einer schweren Schlafstörung werden alle Organe belastet, besonders beim älteren Menschen. Der Wärmehaushalt ist total durcheinander und kalte Hände und Füße können zu Erkältungskrankheiten führen.

Das tägliche warme Duschen ist nicht gesund, doch hilft es, bei einer Schlafstörung die Ermüdungsstoffe abzubauen. Das Wasser soll nicht auf den Kopf fallen. Handdusche benutzen. Zum Abschluss immer kurz kalt duschen. Vorher und nachher Bürstenmassage. Ich empfinde das Einreiben des ganzen Körpers mit Johanniskrautöl, das man sich leicht selbst herstellen kann, als sehr angenehm. Doch ist das Einölen des Körpers umstritten, Verstopfung der Poren. Ich nehme nur wenig Öl und bürste hinterher gründlich, was den Kreislauf anregt.

Kalte Ganzkörperpackungen beruhigen. Dazu braucht man eine zweite Person. Auch die kalte Ganzkörperwaschung beruhigt. Der Raum muss gut warm sein. Evtl. stückweise waschen, abtrocknen und weiterwaschen. Wenn ich um drei Uhr merke, dass ich nicht wieder einschlafe, dusche ich heiß, bürste und öle mich und massiere den Kopf. Manchmal schlafe ich danach wieder ein.

Alles, was Frau Michl im Märzheft 1995 „Naturarzt" über „Schlaftips" schreibt, kann ich bestätigen. Ein kurzer Schlaf am Tag hilft mir. Schlafe ich längere Zeit zu wenig, so lege ich mich nach jeder Mahlzeit ins Bett, mit Wärmflaschen, eine auf den Bauch, eine in den Rücken und ich habe es auch schon fertig gebracht, noch zwei kleine an die beiden Füße zu legen. Ich schlafe meistens nicht, aber Ruhe und Wärme helfen, die Ermüdungsstoffe aus dem Körper zu bringen. Bergsteigen ist zu anstrengend und, soweit die Sonne scheint, kann sie Erregungszustände auslösen. Ich spüre deutlich, dass die Sonne von Jahr zu Jahr gefährlicher wird. Hilfreich ist jeder Aufenthalt im Freien, im Schatten, wenn es geht auch Schlafen im Freien. Im ungeheizten Schlafzimmer ist mein Fenster sommers wie winters weit geöffnet. Ich schlafe zwischen Wolldecken und mit Nachtmütze.

Bewegung ist ganz wichtig. Für mich sind eineinhalb Stunden wandern oder ca. 15 Minuten schwimmen mit wechselwarmer Dusche vorher und nachher oder 1 – 2 Stunden Schilanglauf das richtige Maß, um in der Nacht besser zu schlafen.

Der Schlafgestörte sollte in der akuten Phase alle geistigen Arbeiten reduzieren oder ganz zurückstellen, auch das Lesen. Leichte Hausarbeit ist gut. Man versuche, die sinnlose Gedankenkette zu durchbrechen und sich meditativ einzustimmen. Tägliche Yogaübungen sind mir ein echtes Bedürfnis.

Eine Schlafstörung dauert bei mir im Idealfall zwei Wochen, zum Beispiel dann, wenn ich Ferien machen, mich an einen gedeckten Tisch setzen und abschalten kann. Muss ich meinen Haushalt machen, mir mein „Futter" im Garten suchen usw., kann es vier Wochen dauern, bis ich wieder richtig schlafe. Dann kann es sein, dass ich es mal an einem Tag auf 12 Stunden Schlaf bringe. Auch der Vollmond spielt bei mir eine wichtige Rolle. Ist die Schlafstörung schon fast verschwunden, so kann es durch den Mond wieder schlimmer werden. Bei Schlafstörungen sind Zusammenstöße mit den Mitmenschen sehr unangenehm. Ein Schweigetag kann viel Kraft geben. Sind die Ermüdungsstoffe dann endlich wieder ausgeschwemmt, wozu auch viel trinken hilft, so kommt für mich eine angenehm produktive Zeit. Dann gilt es mit den Kräften hauszuhalten, denn davon hängt die Dauer der guten Phase ab und auch die Schwere der nächsten Schlafstörung. Ist die Schlafstörung besonders schlimm oder muss ich zu schwer arbeiten (Stress ist etwas, was man sich selbst macht, es kommt auf die Einstellung zur Arbeit an), so kommt bald eine passive Phase, in der ich mich nicht glücklich fühle und nur tue, was getan werden muss, wobei ich aber immer für eine rohstoffreiche Vollwertkost sorge. Eines Tages künden dann lebhafte Träume die kommende Schlafstörung an und es gilt, alle Hilfsmittel einzusetzen, sie ohne Erkrankung (meist Erkältungen) zu überstehen.

Seit meiner Lebensumstellung vor 46 Jahren habe ich 29 Jahre lang keine Grippe gehabt und war zehn Jahre lang nicht beim Zahnarzt. Heute kann ich eine, auch im Alter noch seltene, Grippe mit Fasten oder 100 % Rohkost im Anfang abwehren.

Das beste Hilfsmittel ist der Versuch, sich Gottes Willen zu fügen, der uns nun eben dieses Schicksal bestimmt hat. Das beste Schlafmittel ist die Atmung. Achten wir auf einen ruhigen und gleichmäßigen Atem, so kommt der Schlaf früher oder später von selbst.

Erfahrungen mit Rohkost

Nachdem mich der Naturheilarzt Dr. Groh 1959 auf den richtigen Weg gebracht hatte, lernte ich eine Waerlandköchin kennen und ein Aufenthalt in einem Waerlandheim mit 5tägigem Fasten bei Grippe ohne Fieber brachte mir ein nie vorher erlebtes Gefühl der Gesundheit, des Wohlbefindens. Dann las ich Bircher-Benner, Schnitzer, Bruker, Albert von Haller, „Macht und Geheimnis der Nahrung" (viel zu wenig gelesen) und andere Autoren.

Das Waerlandfrühstück, eine in kochendes Wasser geriebene Kartoffel, kurz gegart, Obst, Leinsamen und die schwedische Langmilch, eine sehr milde Sauermilch, schmeckte mir gut, machte aber einen dicken Bauch, der nicht gerne studierte und hielt nicht lange vor. Dann versuchte ich es mit dem Kollathfrühstück, von Schnitzer Naturmüsli, von Bruker Frischkornbrei genannt. Schmeckte auch und sättigte lange, aber ich hatte oft ein unangenehmes Gefühl im Bauch. Nach einem Gespräch mit Herrn Dr. Schnitzer versuchte ich dieses Frühstück noch drei Monate lang, dann konnte ich es, wie man so schön sagt, nicht mehr riechen.

Inzwischen hatte ich angefangen, Walter Sommer und die dänische Ärztin Nolfi zu lesen. Beide wurden gesund mit Rohkost. Ich erfuhr schließlich durch Beschäftigung mit der aus US-Amerika kommenden Richtung „Natürliche Hygiene", in Deutschland heute vertreten durch die Zeitschrift „Fit fürs Leben", und die Bücher des Waldhausenverlages, dass die Kombination von rohem Getreide und rohem Obst nicht optimal ist. Es gibt die Zeitschrift: „Natürlich leben" und das Buch von Konz „Urmedizin". Inzwischen esse ich kein rohes Getreide mehr. Das war auch Waerlands Ansicht gewesen. Wenn sich dennoch mit dem Birchermüsli und später mit dem Frischkornbrei schwerste Krankheiten heilen ließen, so darum, weil es immer noch so viel besser ist, als das gutbürgerliche Frühstück. Es wurde ja auch nicht nur das Frühstück sondern die ganze Ernährung und meistens auch die Lebensweise geändert. Den Wert des rohen Getreides konnte ich an jungen Katzen studieren. Die Tiere bekamen beim Bauern, wo ich wohnte, Milch mit Brot, nicht aus Vollkorn. Ich gab ihnen Schrot mit Milch, worauf Beschwerden kamen, die Katzen kämen nicht mehr ihre Milch beim Stall trinken, wo sie doch Ratten fangen sollten. Darauf gab ich ihnen Schrot mit Wasser und alles war in Ordnung und die Katzen entwickelten sich gut. Man kann rohes Getreide noch besser zum Salat essen. Nach vielen Versuchen ging ich zum Frühstück aus Obst, Nussfrüchten und Samen über. Kommt dann nach ca. 2 Stunden wieder Hunger, so esse ich evtl. ein 2. Frühstück Nüsse oder Mandeln, gemahlen oder gut gekaut evtl. mit Dörrobst. Dies empfiehlt Ehret in seinem Buch „Die schleimfreie Heilkost", wobei ich aber nicht ganz davon überzeugt bin, dass diese Mischung für mich persönlich gut ist. Der Mensch ist nun mal ein Individuum und unsere Kost muss das berücksichtigen. Es gibt keine für jeden passende Nahrung.

Das Buch von Wandmaker „Vergiss den Kochtopf" hatte ich mal angeschaut und wollte es gar nicht lesen, weil mir sein autoritärer Ton nicht gefällt, dann wurde es mir leihweise gebracht und nun las ich es doch und ließ mich davon überzeugen, dass ich es einmal mit Rohkost versuchen sollte. Die Zeit war ungünstig, Ende Mai, Anfang Juni. Ich wohnte in den Bergen und außer Kräutern gab es noch kaum etwas in meinem bescheidenen, viel zu schattigen, erst im Jahr vorher angelegten Garten. 7 Wochen hielt ich es aus bei strenger Rohkost. Eine leichte Hausstauballergie und ein leichter Heuschnupfen verschwanden und, oh Wunder, die Schrunden an den Fingern die zuletzt sogar im Sommer nicht verschwunden waren und scheußlich weh tun konnten, verschwanden für immer. Die leichte aber chronische Vereiterung der Nasennebenhöhlen blieb mir, zwar gebessert, aber doch noch nicht geheilt, erhalten. Jeder Arzt hatte im Verlauf von ca. 40 Jahren gesagt: „Das ist nicht schlimm", aber keiner hatte eine Heilung erreicht. Weiter mit Rohkost und es hätte mit Sicherheit geholfen, aber es ging leider nicht. Warum?

Ich bin 1,62 m groß und wog 51 kg als ich mit der Rohkost anfing. Das Idealgewicht errechnet man so: Größe in cm über 1 m minus 15 %. Das wären für mich 52 kg gewesen. Ich halte zwar nicht viel von statistischen Werten und Berechnungen und fühle mich auch mit 47 – 48 kg recht wohl, aber unter 45 kg wollte ich mein Gewicht nicht kommen lassen, und dahin gelangte ich nach 7 Wochen Rohkost. Im Jahr darauf sank mein Gewicht nach 5 Wochen Rohkost auf 43 kg und das spürt man an den Nerven.

Hätte ich nun meine Rohkost nicht so gestalten können, dass ich mein Gewicht gehalten hätte? Ja, das hätte ich, aber dem stand einiges entgegen. Z.B. Bananen, sättigen und haben einen Nährwert, der dem der Kartoffel entspricht. Ich esse sie auch gerne, aber ich kann mich nicht entschließen, dies regelmäßig zu tun. Vielmehr beschränke ich meine Nahrung weitgehend auf das, was hier gedeiht. Bananen bedeuten Umweltbelastung durch den Transport und Ausbeutung von Saisonarbeitern. Nur Biobananen sind ohne Spritzgifte angebaut. Ein anderes Problem sind die Nüsse, hoch an Kalorien aber es gibt keine wirklich befriedigende Nussmühle. Kauft man sie ungemahlen, so ist das mühselig, wenn man gründlich kauen will. Gut sind eingeweichte Mandeln. Überhaupt kommt mir die Rohkost als eine Rückkehr zum Urmenschen vor, wir sind sehr viel mehr mit essen, einkaufen und zubereiten der Mahlzeit beschäftigt, als Otto Normalverbraucher, der außer seinem Schnitzel nicht mehr viel braucht. Für den Berufstätigen ist die reine Rohkost ein Problem. Wer kann schon mit einem Rohkostmüsli durchhalten, wenn er nicht vor 13 Uhr die nächste Mahlzeit bekommen kann? Das kann Nerven kosten.

Ein anderes Problem ist der Einkauf der Hausfrau, die nun öfter einkaufen und mehr nach Hause tragen muss, wenn kein Garten da ist.

Das nächste Problem sind die Finanzen. Wenn eine kinderreiche Familie mit normalem Einkommen zur Rohkost übergeht, kann nicht mehr alles in Bioqualität gekauft werden. Ein Kilogramm Biogetreide reicht viel weiter als ein Kilogramm Obst.

Dann kommen noch die sozialen Probleme. Wenn Kinder aus Rohköstlerfamilien anfangen mit Begeisterung die Schulbrote der anderen zu essen und die Kinder der Familie auffallend leicht und klein sind, kann es sein, dass früher oder später das Jugendamt auf die Familie aufmerksam wird und sich einmischt.

Meine allerersten Erfahrungen mit Rohköstlern liegen 61 Jahre zurück und ich werde sie nie vergessen. Damals, ich war 16, führten wir zu Weihnachten ein Stück mit vielen Kindern als Schauspieler auf. Die ganze Arbeit hinter der Bühne lag bei einem 14-jährigen Rohköstlerzwillingspaar. Die sehr verschiedenen Schwestern waren in einer Beziehung einander gleich: Beide arbeiteten ruhig und still. Sie sorgten für die Kostüme und Kulissen, fürs Umkleiden und Auftreten und wurden mit allen unerwarteten Situationen fertig. Was sie gegessen haben, habe ich nie gefragt, Knoblauch bestimmt.

Ich werde weiter mit Rohkost experimentieren. Gut sind eingeweichte Mandeln. Das weiße Mandelmus ist aus rohen Mandeln, vorher nur blanchiert. Alle anderen Nussmuse sind erhitzt.

Der junge Mensch kann, wenn er krank ist, fasten. Wenn man sich das als alter Mensch mit eigenem Haushalt kräftemäßig nicht mehr zutraut, dann bleibt nur die Rohkost. Wenn man damit eine Grippe im Keim ersticken kann, welch ein Segen. Ich fragte einen Arzt: „Wie lange meinen Sie wohl, dass ich noch leben könnte?" Seine Antwort: „Sie, mit Ihrer Lebensweise, können alt werden, aber hüten Sie sich vor einer Grippe."

Essen nun die Rohköstler wirklich immer nur Rohkost? Ich glaube nicht. Meine Erfahrungen: Viktoras Kulvinskas sagte mir: „Auf Reisen ist mir das egal." Walter Sommer sagte auf die Frage, wie lange die Umstellung auf die Rohkost gedauert habe: „Die hält immer noch an." Der Heilpraktiker Claus Becker antwortete auf die Frage: „Wann haben Sie zuletzt gekochtes Gegessen?" „Wir essen gerne dicke Bohnen." Die meisten Rohköstler essen gerne mal eine Pellkartoffel. Gekochtes Gemüse ist das, was am wenigsten schadet. Die Rohkost ist eine paradiesische Kost, aber wir leben nun mal nicht im Paradies.

Noch einige praktische Hinweise: Die Bücher der Diamonds sind zu sehr auf amerikanische Verhältnisse abgestellt, sie gehen auch zu sehr davon aus, dass abgenommen werden muss, was ja nicht immer der Fall ist. Ich aß schon Energiesalate, bevor ich die Diamonds las. Entscheidend ist, dass unsere Mahlzeiten energiereich gemacht werden, ohne zu viel Fett. Wenn es meine Zeit erlaubt, gehe ich morgens und nachmittags Wildkräuter sammeln, für mich alleine brauche ich dazu mindestens 30 Minuten am Tag. Zum Salat esse ich Oliven oder gerösteten und gemahlenen Sesam und Hefeflocken, die ich aber mit Vorsicht verwende. Sie sollen nicht so gut für den Darm sein. Essig verwende ich nie, Zitronen nur mehr bei Grippegefahr. Habe ich keine Oliven, so esse ich zum Salat entweder Avocado oder Nussfrüchte, z.B. eingeweichte Sonnenblumenkerne. Sie geraten schon nach wenigen Stunden in den Keimzustand mit wertvollen Vitaminen und Enzymen. Nur, es kostet alles viel Zeit. An so einem Salat kaue ich mindestens 20 Minuten.

Wenn in einer Ehe ein Partner krank ist und der andere genügend Zeit hat, um sich intensiv um ihn zu kümmern, sollten beide so lange wie möglich Rohkost essen und zwar vier- oder sogar fünfmal am Tag. Immer sollte das Essen nur ein Teil unserer Bemühungen um die gesunde Lebensweise sein. Ich lebe meistens mit ca. 75% Rohem. Ich wurde 1959 Laktovegetarier, 1975 Veganer, ließ also auch die Milchprodukte weg und seit 1991 mache ich Versuche mit Rohkost. Fanatisch, wenn man das so nennen will, bin ich nur in Bezug auf Fisch und Fleisch. Was vom lebenden Tier kommt, esse ich nicht. Ich kaufe auch keine Eier oder Milchprodukte, aber wenn ich im Januar oder Februar die Henne gackern höre und weiß, dass sie gut lebt, dann kann es sein, dass ich ein oder zweimal ein Verlangen nach einem weich gekochten Ei habe und dem gebe ich dann auch nach. Ab und zu esse ich gerne mal Quark oder Käse, wenn wir gemeinsam essen und es auf dem Tisch steht. Ich weiß, dass die Kombination von Brot und Käse (Kohlenhydrate und tierisches Eiweiß) nicht gut und ein Salat mit Käse gewiss besser ist. Nur ist das bei mir ja sowieso eine Ausnahme. Würde ich kein tierisches Eiweiß essen, müsste ich evtl. Vitamin B12 nehmen. Nur der junge und wirklich darmgesunde Mensch kann ganz vegan leben bzw. ohne medizinische Hilfe die B12-Versorgung bei Vegankost schaffen.

Der bekannteste Vertreter der natürlichen Hygiene ist der Amerikaner Dr. med. Shelton, der vor einigen Jahren im Alter von 85 starb. Er leitete mehr als 60 Jahre lang eine Klinik und schuf eine Gesundheitsschule. Er hat sehr lange studiert und nicht nur Medizin. In Italien sind viele Bücher von ihm übersetzt. In Deutschland meines Wissens nur drei. „Richtige Ernährung mit natürlicher Nahrung" sollte man lesen (Waldhausenverlag). Sein wertvollstes Buch ist das über die hygienische Sorge für Kinder. Er ist Realist. Seine Ernährungsvorschläge enthalten sowohl Getreideprodukte als auch Gekochtes und Sauermilchprodukte aber nur sehr, sehr wenig und es gibt davon nicht täglich. Die Regeln der Kombination der Lebensmittel werden streng eingehalten.

Meine Ernährung ändert sich ständig, inzwischen esse ich auch Tofu. Wenig aber regelmäßig zu Salaten und Pellkartoffeln. Auch Avocado und Oliven sind für mich gute Energiequellen

Zu meiner Person

Ich kam im Sommer 1918 in Krefeld auf die Welt. Unter meinen Vorfahren sind auf beiden Seiten Lehrer. Als Tochter einer jüdischen Mutter waren meine beruflichen Möglichkeiten im Dritten Reich eingeschränkt. Mein Vater war Syndikus und Fabrikant. Er war tätig als Hobbyzoologe, ehrenamtlich als Naturschutzbeauftragter am linken Niederrhein, als Verleger der Zeitschriften „Natur am Niederrhein" und der entomologischen Blätter. Er bestimmte lebende und in früheren Zeitaltern lebende Arten eines bestimmten Wasserkäfers. Für diese Tätigkeiten erhielt er kurz vor seinem Tode den Dr. rer. nat. honoris causa. Da ich nicht Lehrerin werden konnte, studierte ich Volks- und Betriebswirtschaft und war gegen Ende des Krieges 2 Jahre als Organisationsassistentin tätig. Durch schwere Belastungen im Dritten Reich erkrankte ich unmittelbar nach Kriegsende an einer schizophrenen Psychose und war 3 Jahre lang arbeitsunfähig. Ein ¾ Jahr war ich Patientin einer Heil- und Pflegeanstalt. Damals gab es keine Medikamente und wenig zu essen. Später kam ich auch zu Psychiatern, in Sanatorien und Kliniken. Einige Wochen verbrachte ich in der Universitäts-Nervenklinik Freiburg. Da wir Patienten nichts zu tun hatten, war es uns etwas langweilig. Manchmal half ich den Schwestern. Eines Tages bekamen wir Rosshaar zu zupfen. Bald saßen ungefähr 20 Patienten an einem großen Tisch. Die Arbeit machte uns Spaß. Da kam die Schwester und sagte „So rasch dürfen Sie nicht arbeiten. Wenn der Professor kommt, müssen Sie noch etwas zu tun haben."

Als ich wieder gesund wurde, studierte ich 5 Semester Psychologie, um den Geisteskranken zu helfen, fand aber, dass das sehr schwierig ist. So studierte ich noch 3 Semester

Psychotherapie, um Erziehungsberater zu werden, was sich dann als ebenso schwierig erwies. Die Geburt einer Tochter enthob mich weiterer Überlegungen. Erziehen konnte ich zu Hause, und außerdem musste ich Geld verdienen und übernahm mit meinem Mann die Vertretung der Firma meines Vaters und anderer Firmen der Baubranche. 1968 fing ich an, in Reformhäusern zu arbeiten. Später nahm ich Putzstellen an und arbeitete aushilfsweise als Küchenhilfskraft an der Spülmaschine des benachbarten Hotels. So musste ich nicht oft in die Stadt und hatte mehr Zeit zum Schreiben.

1959 wurde ein Leberschaden als Folge einer Gelbsucht (1956) erkannt. Ich hatte damals das Glück, einen Naturheilarzt zu finden.

Badenweiler, der kleine Kurort südlich von Freiburg wurde mir zweimal zum Schicksalsort. Dort waren meine Eltern 1944 in Urlaub, als meine Mutter von der Gestapo abgeholt werden sollte. Sie hat das 1000-jährige Reich ohne Konzentrationslager überlebt. Dort verbrachte ich 1959 einige Ferientage mit den Eltern und ließ mich massieren. Die Masseurin empfahl mir Dr. Grohs Büchlein über Wasseranwendungen und der Buchhändler, der es nicht hatte, schickte mich in ein Sanatorium, dessen Chefarzt Dr. Groh war. Ich las das Büchlein und suchte Dr. Groh auf, der den Leberschaden feststellte und mir drei Ratschläge gab:
– gesund essen mit vegetarischer Vollwertkost
– gesunde Kleidung mit Naturtextilien
– Yoga

Als Yogalehrer nannte er mir Swami Dev Murti und Yesudian. Ich begann in den Winterferien mit Yesudians Buch und ging in den Sommerferien in Swami Dev Murtis Yogaschule, Schloß Aubach. Nach einigen Jahren gab mir Swami Dev Murti den Auftrag, seine Übungen weiterzugeben. Da ich seit der Psychose immer noch an in unregelmäßigen Abständen auftretenden Schlafstörungen litt, habe ich immer nur in kleinen Kreisen unterrichtet.

Auch bin ich auf meditativem Weg noch nicht so weit fortgeschritten, wie ich es gerne möchte. Ruhig irgendwo zu sitzen liegt mir nicht. Ich brauche sehr viel Bewegung und frische Luft. Ich versuche Meditation im Alltag zu leben.

Nach der Umstellung meiner Lebensweise las ich Bircher-Benner, Schnitzer, Bruker, Sommer, Nolfi, Shelton und viele andere Autoren. Ich kaufte schon 1959 eine Getreidemühle. Das Reformhaus Lacoste, in dem ich Ende der 60-er Jahre tätig war, war das erste in Freiburg, das Getreidemühlen verkaufte und sie im Schaufenster ausstellte. Sehr zum Missfallen einer Kosmetikfirma, die den Aussteller fragte, warum er nicht ihr volles Programm ausgestellt habe. Er sagte: „Ich musste da Getreidemühlen ausstellen", wofür ihm meine Chefin 10 DM gab, denn die Aussteller werden ja von den Firmen bezahlt, die ihre Produkte im Schaufenster sehen wollen.

Schon bevor Dr. Bruker die Gesellschaft für Gesundheitsberatung gründete, nannte ich mich Gesundheitsberater, habe aber noch viel von ihm gelernt. Ich besuchte seine ersten Kurse. Ich unterrichtete einige Semester an der Volkshochschule Freiburg. Ich hielt Vorträge bei Vegetarierkongressen in Loughborough/England, Cervia/Italien, Dubrovnik/Jugoslawien und beim Konvent der Nazoräer auf dem Lindenhof in Tuttlingen/Deutschland.

Eines Tages wurde ich aufgefordert, eine Waerlandgruppe auf der Insel Ischia zu unterrichten, wo ich dann noch viele Male vegetarische Feriengruppen unterrichtete.

Da meine Töchter in großen Städten leben, entschloss ich mich eines Tages, nach Italien auszuwandern, um mit einer alternativen Gruppe oder Familie zu leben. 16 Jahre lebte ich auf alternativen Höfen in der Toskana, davon sieben Monate in einem Ökodorf im Aufbau. Wer es nicht hautnah miterlebt, kann sich nicht vorstellen, wie schwer es die jungen Leute dort haben.

Übersicht über Garzeiten für Getreidekörner und -mehle

Die Wassermenge ist angegeben im Verhältnis Getreide zu Wasser, z.B. 1 Tasse Gerste zu 3,5 Tasse Wasser

Getreideart	Vollquell-zeit	Wasser-menge	Kochzeit	Nachquell-zeit
Gerste	8-10 Std.	1:4	2 Std.	3-6 Std.
Grünkern		1:2,5	45 Min.	2 Std.
Hafer	8-10 Std.	1:3	1 Std.	2-3 Std.
Roggen	8-10 Std.	1:3 - 3 1/2	2-3 Std.	3 Std.
Weizen	8-10 Std.	1:2,5 - 3	2 Std.	3-4 Std.
Buchweizen		1:2 1/2 - 3	10-15 Min.	
Dinkel	8-10 Std.	1:2,5	2 Std.	2-3 Std.
Hirse		1:3	45-60 Min.	
Reis		1:2 1/2 - 3	60 Min.	
Buchweizengrütze	30 Min.	1:2 - 2 1/2	20 Min.	
Buchweizenmehl	30 Min.	1:2 1/2	10 Min.	15 Min.
Gerstenmehl	30 Min.	1:3 - 3 1/3	15 Min.	15 Min.
Haferflocken, fein oder Hafermehl		1:2 - 3	15 Min.	15 Min.
Haferflocken, grob	30 Min.	1:2 - 3	30 Min.	30 Min.
Maismehl	30 Min.	1:3 - 3 1/2	10 Min.	15 Min.
Roggenmehl	30 Min.	1:3 - 3 1/2	10 Min.	15 Min.
Reismehl	30 Min.	1:3	15 Min.	15 Min.
Weizenmehl	30 Min.	1:2 1/2	15 Min.	15 Min.

**Eine Tasse trockenes Getreide ergibt
zweieinhalb Tassen gekochtes Getreide**

Aus: Martha und Heinrich Frese und Irene Gutschenreiter, 2003: Das große Handbuch der vegetarischen Vollwert-Ernährung

Literaturverzeichnis

(Als Einstieg empfehlenswert:
Albert von Haller: Macht und Geheimnis der Nahrung.)

Aundh, Rajah von: Das Sonnengebet. 1994.
Bibel, Die: Neues Testament.
Bircher-Benner, Max: Ordnungsgesetze des Lebens. 1992.
Bommer, S: Vollkorn-Getreidegerichte. 1988.
Bruker, Dr. med. M. O.: Krank durch Zucker. 1986.
Dufty, William: Sugar Blues. 1996.
Ehret, Prof. Arnold: Die schleimfreie Heilkost. 2003.
Erkenbrecht, Irmela: Das vegetarische Baby. 1999.
Feldweg, Dr. med. Theodor: Arthrose heilbar. 2004.
Frese, Martha und Heinrich, und Irene Gutschenreiter: Das große Handbuch der vegetarischen Vollwert-Ernährung. 2003.
Frischknecht, Martin: Gesundheit als Chance. 2004.
Glaesel, Karl O.: Heilung ohne Wunder und Nebenwirkungen. 5. Auflage 1998.
Glaesel, Karl O.; Ist Vollwertkost immer vollwertig? 1997.
Grill, Heinz: Die geistige Bedeutung des Schlafes. 2001.
Günter, Ernst: Lebendige Nahrung. 27. Auflage 2002.
Gutjahr, Ilse: Dier vitalstoffreiche Vollwertkost nach Dr. M. O. Bruker. 1992.
Hälsig, Elisabeth: Vollwertkost für Menschen von heute. Heft 1 und 2. 1987 + 1988.
Haller, Albert von: Macht und Geheimnis der Nahrung. 4. Auflage 1985.
Haller, Albert von; Lebenswichtig aber unerkannt. 1994.
Haller, Albert von: Der Streit um den Zucker. 1994.
Haller, Albert von: Ist alles umsonst? 1994.
Heiß, Erich: Wildgemüse und Wildfrüchte. 4. Auflage 2000.

Körber, von, Männle, Leitzmann: Vollwerternährung. 10. Auflage 2004.

Kollath, Werner: Getreide und Mensch. 1986.

Kollath, Werner: Die Ordnung unserer Nahrung. 2004.

Kremer, Bruno P.: Welche Heilpflanze ist das? 1987.

Kühne, Petra: Verschiedene Beiträge in der Zeitschrift „Ernährungsrundbrief". Arbeitskreis für Ernährungsforschung u.V., Niddastr. 14, 61118 Bad Vilbel.

Kühnau / Ganssmann: Hafer, ein Element der modernen Ernährung. 1982.

Kulvinskas: Leben und Überleben, Kursbuch ins 21. Jahrhundert. 1980.

Leitzmann, Claus:Vegetarismus. 2001.

Leitzmann, Claus / Hahn, Andreas: Vegetarische Ernährung. 1998.

Lehmann: Die Kleidung, unsere zweite Haut. 4. Auflage 1994.

Lindenberg, Wladimir: Lob der Gelassenheit. 4. Auflage 1994.

Luetjohann, Sylvia: Das große Schwarzkümmel Handbuch. 3. Auflage 1988.

Lysebeth, André van: Yoga für Menschen von heute. 1999.

Meyer, Axel: Die Kunst des Backens. 1995.

Meyer, Marianne E.: Sonnenkraft mit dem blaugrünen Lichtträger Spirulina. 2. Auflage 2002.

Nasall, Klaus Dieter: Fasten und Heilfasten aus einer allumfassenden Sicht. 1995.

Opitz, Christian: Ernährung für Mensch und Erde.

Pollmer, Udo; Fock, Andrea; Gonder, Ulrike; Haug, Karin: Prost Mahlzeit! Krank durch gesunde Ernährung. 2001.

Popp, Fritz-Albert: Die Botschaft der Nahrung. 2002.

Renzenbrink, Udo: Die sieben Getreide, zeitgemäße Getreideernährung. 1993.

Robbins, John: Food-Revolution. Amerika 2003.

Sandler, Dr. Benjamin: Vollwerternährung schützt vor Kinderlähmung. 2000.

Schunk, Dr. Rainer: Heilkraft aus Heilpflanzen. 44. Auflage 2002.

Shelton, Dr. Herbert M.: Richtige Ernährung mit natürlicher Nahrung. Amerika 2001.

Skriver, Carl Anders: Der Verrat der Kirchen an den Tieren. 1998.

Skriver, Carl Anders: Die Regel der Nazoräer im zwanzigsten Jahrhundert. 1992.

Skriver, Carl Anders: Die Lebensweise Jesu und der ersten Christen. 1988.

Ulmer, G. A.: Ernährung mit Vernunft. 3. Auflage 1992.

Ulmer, G. A.: Gesundheitsbrunnen Knoblauch. 1995.

Ulmer, G. A.: Die besonderen Heilkräfte von Hafer und Hirse. 1991.

Veith, Prof. Walter: Ernährung neu entdecken. Südafrika, 2. Auflage 1996.

Walker, Herbert: Vollwertig backen mit Pfiff – ohne tierisches Eiweiß. 1999.

Watzel, B.; Leitzmann, C.: Bioaktive Substanzen in Lebensmitteln. 3. Auflage 2005.

Weihofen, Dr. Jürgen / Gey-Kemper, Birgit: Gewürzkräuter. Gesundheit aus dem Klostergarten. 2000.

Wolfe, David: Die Sonnen-Diät. 2001.